Ulrich Koglin · Achim Tacke

Landpartie

Im Norden unterwegs

W0056121

Ulrich Koglin · Achim Tacke

Landpartie

Im Norden unterwegs

Die Deutsche Bibliothek – CIP-Einheitsaufnahme

Koglin, Ulrich:
Landpartie: Im Norden unterwegs / Ulrich Koglin; Achim Tacke. [Hrsg.: Norddeutscher
Rundfunk, Hamburg]. Hannover : Schlütersche, 2001
   ISBN 3-87706-833-2

Verlag: Schlütersche GmbH & Co. KG, Verlag und Druckerei
                 Hans-Böckler-Allee 7, 30173 Hannover

Herausgeber: Norddeutscher Rundfunk Hamburg

Skizzen: Thekla Fomiczenko-Beyer
Titelfotos: Ingo Wandmacher, Ulrich Koglin, Achim Tacke
Fotos: Soweit nicht anders vermerkt, stammen alle Fotos von den Autoren
Koordination: Karin Rau, NDR-Media
                 Claudia Flöer, Schlütersche

© Schlütersche 2001
Lizensiert durch NDR Media

Gestaltung: Schlütersche GmbH & Co. KG, Verlag und Druckerei, Hannover
Satz und Litho: PER Digitaler Workflow GmbH, Braunschweig
Druck: Rasch Druckerei und Verlag, Bramsche
Bindung: Bramscher Buchbinder Betriebe, Bramsche

Inhalt

Vorwort

Nach dem großen Erfolg der ersten Staffel unserer NDR-Fernsehproduktion in verschiedenen Regionen Norddeutschlands liegt jetzt die »Landpartie – Im Norden unterwegs« auch als Buch vor. Darin wollen die beiden Autoren Ulrich Koglin und Achim Tacke den Leser an ihren Streifzügen durch unser schönes und vor allem vielfältiges Sendegebiet teilhaben lassen. Kleine Geschichten über die Menschen und ihre ländlichen Professionen, über Besonderheiten ausgewählter norddeutscher Wirtschafts- und Kulturräume sowie über Kuriositäten bei den Dreharbeiten mit wechselnden NDR-Teams und der sympathischen Landpartie-Moderatorin Heike Götz-Hoeber geben interessante Einblicke auch für bisherige Nichtzuschauer. Die vielen Bilder und der ausführliche Serviceteil sollen den Leser und Betrachter dazu animieren, sich selbst mal aufzumachen, um einige der schönsten Regionen und Orte unserer Heimat sowie die sie prägenden Menschen näher kennenzulernen. Details dazu finden sich in diesem Buch genug.

Als der verantwortliche Redakteur der Landpartien wünsche ich mir aber auch, dass dieses Buch dazu beiträgt, die bislang schon stattliche Fernsehgemeinde weiter anwachsen zu lassen, die wir im Programm des NDR auf noch so manche »Landpartie – Im Norden unterwegs« mitnehmen wollen. Im laufenden Jahr und darüber hinaus planen wir jedenfalls, wieder unterwegs zu sein, um unseren Zuschauern ausgewählte ländliche Räume Norddeutschlands mit ihren Menschen, Geschichten und ihren speziellen wirtschaftlichen Aktivitäten nahezubringen. Und vielleicht findet dann ja auch dieses vorliegende Buch eine Fortsetzung.

Hamburg, im Frühjahr 2001

Dirk Bergmann

Liebe Zuschauerinnen,
liebe Zuschauer,

»Fragen kostet nichts.« Und: »Es gibt keine dummen Fragen – allerhöchstens dumme Antworten.« Sie kennen sicherlich beide Sprichwörter. Für meine Arbeit als Moderatorin der Landpartie sind es sehr wichtige Sätze. Denn ich weiß nicht mehr als Sie. Deswegen kann ich auch keine Antworten geben. Meine Aufgabe ist es, Fragen zu stellen – Ihre Fragen. Sicher: Einige Informationen notiere ich mir schon auf einem Spickzettel. Aber das meiste sind doch Fragezeichen: Wie funktioniert das? Warum schmeckt das gerade so oder riecht auf diese ganz spezielle Weise?

In allen Landpartien sind wir Menschen begegnet, die bereit waren, auch Antworten zu geben. Auch wenn den Landwirten die Fragen manchmal absonderlich vorgekommen sein müssen. Schließlich geht es immer um Dinge, mit denen sie ihren Lebensunterhalt verdienen und die häufig ihr ganzes Leben bestimmen. Da scheint manches selbstverständlich.

Vor eine Kamera gedrängt hat es die wenigsten unserer Gastgeber. Als Bauer, Gärtner oder Fischer wird man heute nicht berühmt. Die meisten Menschen sind einfach nur freundlich zu uns gewesen, haben ihren Hof für unser NDR-Team und damit für Sie, liebe Zuschauer, geöffnet. Deshalb sind auch unsere Gastgeber die Stars der Landpartie. Sie bannen uns mit ihren Fähigkeiten und manchmal auch Weisheiten vor den Bildschirm. Ich habe vieles nach- und auch mitgemacht und

deshalb einen großen Respekt vor der Leistung der Menschen auf dem Lande. Denn ihre Arbeit verlangt hochspezialisierte Fähigkeiten, Erfahrungen und häufig auch ein Stück Hingabe.

Mir bleiben nach jeder Landpartie nicht nur Erinnerungen im Kopf. Das Stück selbstgemachter Käse, das Glas Marmelade und die Wurst erinnern auch mich daran, dass unser Essen nicht aus dem Supermarkt und Milch nicht aus dem Kühlregal kommt, sondern aus den Ställen und von den Feldern und Natürliches immer noch ein wenig mehr wert ist.

Eines nehme ich mir nach jeder Landpartie vor: Dass ich auch beim nächsten Mal wieder frage und nachfrage. In der Hoffnung auf Antworten, die uns alle ein: »Ach, so geht das!« entlocken.

Ihre Heike Götz-Hoeber

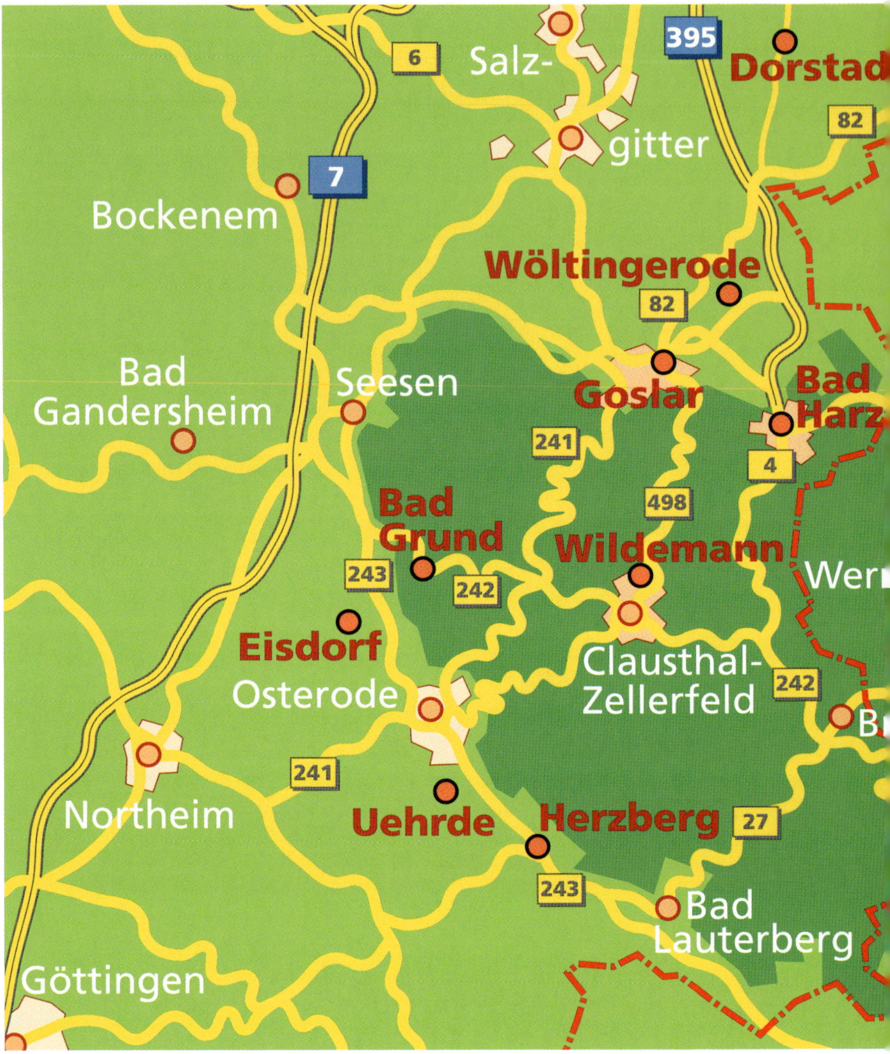

Harz

Wer sich dem Harz von Norden her nähert, der kommt an Goslar nicht vorbei. Kein Wunder also, dass diese schöne Stadt auch die erste Station der ersten Landpartie ist. Kaiserpfalz und Rammelsbergwerk sind Sehenswürdigkeiten, die keiner auslässt.

Doch der Harz ist noch mehr. Der Harz ist rot! Röter, als der staunende Landfahrer glaubt: Da gibt es rote Rinder und rote Hunde, von denen man anderswo kaum etwas gehört hat. Der Harz ist urtümlich: Hier werden Pferde zum Holzrücken ein-

gesetzt. Der Harz ist exklusiv: Zocker finden ihr Paradies auf der Rennbahn in Bad Harzburg. Der Harz ist lukullisch: Zum Harzer Käse auf dunklem Brot gesellt sich echter Harzer Korn und schon ist die schönste Mahlzeit perfekt. Der Harz ist ökologisch: Die Bio-Produkte gehen in alle Welt.

Für alle, die gern wissen, wo ihre Nahrung herkommt, ist der Harz ohnehin eine gute Adresse: Hier gibt es Bauernmärkte, auf denen Fleisch, Wurst und Gemüse noch direkt vom Erzeuger angeboten wird. Der Bauer führt die Tiere noch selbst zum Schlachter und der macht nach eigenem traditionellen Rezept gute Wurst daraus. Und wer sich für Schwein oder Rind nicht begeistern kann, der findet im Harz Alternativen: Rot-, Schwarz- und Damwild!

Tiere, Menschen, Traditionen

Von Harzer Käse, Kräutern und roten Rindern

Bevor die Kamerateams kamen, hatten wir uns mit Heike Götz-Hoeber in Goslar vor dem Hotel Kaiserworth am Marktplatz verabredet. Wir wollten noch einmal unseren Drehplan für die nächsten Tage besprechen und uns auch einige Drehorte ansehen. Ulrich Koglin und ich hatten, seit wir die Autobahn am Salzgitter-Kreuz verlassen hatten, kaum noch etwas gesagt. Seit unserer Abfahrt in Hamburg waren wir immer wieder das Konzept für die erste

Der Harz: Urwüchsig und wild wie hier im Bodetal (bei Quedlinburg). Beschaulich und historisch wie in Goslar. Der Harz ist nicht umsonst auf Platz drei der beliebtesten deutschen Urlaubsgebiete.

»Landpartie« durchgegangen, hatten Ideen und Drehorte noch einmal besprochen und das »Für und Wider« erörtert. Jetzt näherten wir uns nicht nur der Stunde, sondern den Tagen der Wahrheit. Würde das, was wir am »grünen Tisch« geplant hatten, tatsächlich aufgehen? Würden die Zuschauer die Sendung annehmen? Würde die Landpartie technisch so machbar sein, wie wir uns das ausgedacht haben? Würde Landwirtschaft ein Thema sein, das viele interessiert? Es rumorte ein wenig in der Magengegend. Kein unbekanntes Gefühl: Vor größeren Filmprojekten steigt, auch bei aller Routine, die Nervosität.

Ein Schild weist nach Liebenburg/Schladen. Heimatgefühle kommen auf. In Neuenkirchen, zwischen Liebenburg und Schladen, wurde ich geboren. Ich erinnere mich an die Alleen mit Kirsch- und Apfelbäumen, an den Duft frisch gepflügter Äcker, an die Wurststulle bei der Stroh- und Heuernte, an die Kühe und Pferde, die es in den 60er Jahren noch auf jedem Hof gab. Heimat kann man riechen! Davon war ich schon als Kind fest überzeugt. Wenn ich in den Vorharz komme, steigt mir ein ganz bestimmter Geruch in die Nase und dann in die Erinnerung. Kindheitserinnerungen werden wach, Bilder kehren zurück, und ich fühle mich, auch wenn ich Jahre nicht mehr im Vorharz war, zu Hause.

Vielleicht war das auch ein guter Grund, die erste Landpartie aus dem

Die Kaiserpfalz in Goslar – auch Heike Götz-Hoeber hat sie bei ihrem Besuch selbstverständlich besichtigt.

Nordharz zu machen – in dem eigenen Stallgeruch – sozusagen.

Treffpunkt Goslar:
Licht aus, Messer raus!

Endlich sehen wir den Harz, wie er sich hinter Goslar erhebt. Selbst der Brocken ist im Osten zu sehen – ein seltenes Bild. Direkt links von uns ein weiteres Highlight, ein »Muss« sozusagen, die Kaiserpfalz. Wie geschichtlich Interessierte wissen, wurde diese Pfalz so um das Jahr 1000 herum von Werla nach Goslar verlegt. Die Salier Konrad II. und Heinrich III. machten aus dem Goslarer Palast den berühmtesten Wohnsitz des Reiches und Schauplatz von 23 glanzvollen Reichstagen. Den Rang eines Nationaldenkmals erhielt die Kaiserpfalz im 19. Jahrhundert zur Zeit der Reichsgründung. Prof. Hermann Wislicenus erhielt den Auftrag, die »Aula Regis« so auszumalen, dass das neu erstandene Reich

mit dem vergangenen Heiligen Römischen Reich symbolisch verbunden wurde. Und Goslar bekam eine weitere Berühmtheit.

An der Kaiserpfalz vorbei, fahren wir in das mittelalterliche Stadtzentrum, suchen einen Parkplatz, finden sogar einen und gehen zum Marktplatz. Nicht vor dem Kaiserworth, sondern vor einem Käsestand entdecken wir unsere Moderatorin Heike, die gerade Schafskäse probiert. Es ist Bauernmarkt und für uns eine gute Gelegenheit, im Angesicht so vieler Köstlichkeiten über die Landpartie zu sprechen. Heike sieht blendend aus und scheint richtige Lust auf die Sendung zu haben. Sie möchte über die einzelnen Stationen der Landpartie noch mehr Hintergrundwissen haben. Als es auf die Mittagszeit zu geht, beschließen wir, nicht ins Auto zu steigen, sondern uns den Rammelsberg anzusehen und dann einen kleinen Marsch zum Maltemeisterturm oberhalb der Stadt zu machen. »Malter« ist ein

Ein markanter Punkt in Goslar ist der Maltemeisterturm. Von hier aus lässt sich ein wunderbarer Rundblick genießen.

Holzmaß: Der Maltemeister hatte das Grubenholz zu verwalten. Seit etwa 1900 wurde der Turm von Bergleuten bewohnt, die auch eine Gaststätte betrieben.

Wir haben uns mit einigen Bergleuten verabredet. Sie wollen uns im Restaurant des Maltemeisterturms das traditionelle Gericht der Harzer Bergleute zeigen: Das Scherperessen. Nach dem Fußmarsch eine richtig gute Idee. Der Tisch ist bereits reich gedeckt. Die Bergleute tragen ihre traditionelle Tracht und ziehen wie selbstverständlich am Tisch ihr eigenes Messer – den Scherper – aus der Tasche. Heike wird neugierig und will wissen, was es mit der Wurst und dem Messer auf sich hat. Der Scherper war ein Messer, das die

Bergleute für viele Arbeiten seit dem 16. Jahrhundert unter Tage benutzten. So prüften sie damit das Grubenholz, ob es gesund war; schnitten damit Stiele zurecht, reparierten Leitern oder aßen damit ihr Frühstück.

Früher – so erfährt Heike – hatten die Harzer Bergleute alle eigenes Vieh und ein Teil wurde im Winter geschlachtet. Die Wurst aus der Schlachtung musste für das ganze Jahr reichen. Viele Bergleute nahmen sich Würste mit zur Arbeit und aßen sie dann »über den Daumen«: Mit dem Messer schnitten sie ein Stück Wurst ab und schoben es gleich in den Mund. Aber auch das mitgebrachte Brot aßen die Bergleute so. Für Heike kein Problem, sie schneidet geschickt ein gutes Stück Mettwurst ab, probiert und will dann gleich wissen, warum die Wurst so gut schmeckt. Die Bergleute sind er-

Info

Berggaststätte Maltermeisterturm
Rammelsberger Straße 99
38644 Goslar
Telefon (0 53 21) 48 00
Telefax (0 53 21) 30 66 69
»Scherperessen«
(leider nur für Gruppen ab 10 Personen)
Öffnungszeiten:
Täglich von 11.00–22.00 Uhr;
Essen von 12.00–15.00 Uhr und von 18.00–21.00 Uhr; Di Ruhetag

Rammelsberg
Besucherbergwerk und Bergbaumuseum
Bergtal 19, 38640 Goslar
Telefon (0 53 21) 75 00
Telefax (0 53 21) 75 01 30
Für Gruppenanmeldungen:
Telefon (0 53 21) 75 01 22
E-Mail: info@rammelsberg.de
www.Rammelsberg.de
Öffnungszeiten:
Täglich von 9.00–18.00 Uhr.
Diese Erz- und Silbergrube war gut 1000 Jahre in Betrieb und wurde erst 1988 geschlossen. Sie gehört heute zum UNESCO Weltkulturerbe.

**Kur- und Fremdenverkehrsgesell-
schaft Goslar-Hahnenklee mbH**
Tourist Information
Markt 7, 38840 Goslar
Telefon (0 53 21) 78 06-0
Telefax (0 53 21) 78 06-44
E-Mail: GoslarInfo@t-online.de
www.GoslarInfo.de

**Was Sie in Goslar auf jeden Fall
sehen sollten:**

Kaiserpfalz
Kaiserbleek 6, 38640 Goslar
Telefon (0 53 21) 7 04-3 58 u. 7 57 80
Telefax (0 53 21) 75 78 75
Öffnungszeiten:
April bis Oktober: 9.00–17.00 Uhr;
November bis März: 10.00–16.00 Uhr.

Huldigungssaal im Rathaus
Markt 1, 38640 Goslar
Telefon (0 53 21) 7 57 80
Öffnungszeiten:
April bis Oktober: 9.00–17.00 Uhr;
November bis März: 10.00–16.00 Uhr.

**Das Glocken- und Figurenspiel
auf dem Marktplatz**
Täglich: 9.00, 12.00, 15.00 u. 18.00 Uhr.

Die Museen:

Musikinstrumente- u. Puppenmuseum
Hoher Weg 5, 38640 Goslar
Telefon (0 53 21) 2 69 45
Öffnungszeiten:
Täglich von 11.00–17.00 Uhr.

Zinnfigurenmuseum
Münzstr. 11, 38640 Goslar
Telefon (0 53 21) 2 58 89
Telefax (0 53 21) 2 58 89
Öffnungszeiten:
Täglich von 10.00–17.00 Uhr.

Goslarer Museum
Königstr. 1, 38640 Goslar
Telefon (0 53 21) 4 33 94,
Telefax (0 53 21) 75 78 75
Öffnungszeiten:
April bis Oktober: täglich von
9.00–17.00 Uhr; November bis März:
täglich von 10.00–16.00 Uhr.

Mönchehaus Museum
Mönchestraße 3, 38640 Goslar
Telefon (0 53 21) 2 95 70 und 49 48
Telefax (0 53 21) 4 21 99
Öffnungszeiten:
Di-Sa 10.00–13.00 Uhr und
15.00–17.00 Uhr; So 10.00–13.00 Uhr.

staunt über die Frage. Harzer Würste sind doch berühmt wegen ihrer Qualität und wegen des hervorragenden Geschmacks. Stimmt, meint Heike nur und erwähnt noch, dass sie sich auch noch bei einem Hausschlachter umsehen will.

Der Maltemeisterturm bietet heute natürlich die Luxusausführung des einst ärmlichen Scherperessens. Dazu gehören: Blut- und Leberwurst, Mettwurst, Stracken, Schinken, Schmalz, Gewürzgurken, Harzer Käse, Rettich, verschiedene Sorten Brot und Laugenbrezel. Nach Besichtigung der Stadt und dem Essen nach Bergmanns Art, schlagen wir Ihnen eine Wanderung vom Rammelsberg über Hahnenklee nach Wildemann vor.

Das Goslarer Puppenmuseum ist einen Besuch wert. Auch für Freunde von Stofftieren.

Wildemann:
Die roten Rinder des Harzes

Auf geht's nach Wildemann, berühmt wegen seiner Kneippeinrichtungen, seines Besucherbergwerks und der »Maria-Magdalenen-Bergkirche«, die der Mittelpunkt des kleinen Ortes ist. Wildemann hat ca. 1200 Einwohner, etwa 900 Gästebetten und darf sich der Tatsache rühmen, dass hier das Setzbügeleisen-Eisschießen erfunden wurde. Es werden regelmäßig Meisterschaften ausgetragen. Jeder darf mitmachen!

Und in Wildemann darf man Fragen stellen. Mehr Fragen als anderswo und die werden auch alle beantwortet. Direkt im Stall. Heike hat gerade Wolfgang Beuse im Melk-

In Wildemann bleibt die Kirche mitten im Dorf.

stand begrüßt, da klingt ein schüchternes »Hallo« von der vorderen Stalltür herüber. Überraschend ist Besuch gekommen. »Das gehört auch dazu!« sagt Wolfgang Beuse, wäscht sich kurz die Hände und schaut dann automatisch auf die Uhr. »Das kostet mindestens eine halbe Stunde«, ergänzt er noch im Weggehen. Mit energischem Schritt durchquert er den Stall in Richtung Eingang. Verwundert und auch etwas ratlos folgt ihm Heike. Ein älteres Ehepaar steht zwischen Stroh- und Heuballen und entschuldigt sich wortreich, dass es so unangemeldet und einfach so vorbeikomme und eigentlich wolle man nicht stören und so …

»Na dann kommen Sie mal mit!« unterbricht der Harzbauer mit dem grünen Filzhut auf dem Kopf den Redeschwall der Eheleute. Zu Heike gewandt sagt er noch, dass fast jeden Tag Besucher vorbeikommen, weil sie seine Rinder sehen wollen – das fast ausgestorbene Harzer Rotvieh. Das Ehepaar nickt bestätigend mit dem Kopf. Heike wird neugierig und folgt der kleinen Gruppe in den Stall. Der quirlige Harzer Bauer zeigt voller Stolz seine Tiere und weist gleich darauf hin, dass seine zwanzig eingetragenen Zuchtrinder und deren Nachwuchs der größte noch lebende Bestand des Harzer Rotviehs sind. Früher gab es einmal über 50.000 Tiere dieser Rasse. In jedem Frühjahr sammelten die Hirten früh morgens die Rinder in den Dörfern ein und brachten sie auf die Bergwiesen des Harzes.

Wolfgang Beuse macht eine kleine Pause, damit das Ehepaar in aller Ruhe die prachtvollen Tiere bewundern kann. Einige Kühe kommen neugierig heran, strecken ihre Köpfe in den Gang. Andere liegen in dem

Harzer Rotvieh darf besucht und auch gestreichelt werden.

großen Laufstall, der den Tieren recht viel Bewegungsfreiheit erlaubt, und käuen wieder.

Mit viel Freude beobachtet Heike die Szene. Der energische Landwirt aus Wildemann scheint alles unter Kontrolle zu haben. Wolfgang Beuse gilt als eigenwilliger und durchsetzungsstarker Landwirt. Ihm ist es in erster Linie zu verdanken, dass es noch Harzer Rotvieh gibt – auch wenn sich einige Experten darum streiten, wie rasserein die Tiere denn noch sind. Wolfgang Beuse interessiert diese Diskussion nur wenig. Er will die Tradition, ein Stück lebendige Kulturgeschichte des Harzes, erhalten und weiterzüchten. Wahrscheinlich waren es einst Bergleute aus Polen und aus dem Erzgebirge, die diese Rinder mit in den Harz brachten. Das genügsame Höhenrind passte sich hervorragend dem Harzer Klima an und kam auch mit dem eher bescheidenen Futterangebot zurecht.

»Arbeitstiere«, ergänzt Wolfgang Beuse, »früher wurde das Harzer Rotvieh auch als Arbeitstier gehalten. Es waren so genannte Dreinutzungsrinder: Fleisch, Milch, Arbeit. In den 60er Jahren kamen dann die Spezialrassen und verdrängten in kaum zehn Jahren die alten, angestammten Rassen.«

Während Wolfgang Beuse erzählt, beginnt die Kontaktaufnahme des Ehepaars mit den Kühen. Respektvoll, fast ein bisschen schüchtern, streckt die Frau ihre Hand nach dem Kuhkopf aus. Ihre Fingerspitzen berühren das Tier oberhalb der Nase, verweilen dort einen Moment, bis die enorme Zunge aus dem Kuhmaul kommt und nach der Hand leckt. Derweil versucht der Mann bei einer anderen Kuh die stattlichen Hörner zu greifen. Es gelingt nur für Sekunden. Kraftvoll schüttelt die Kuh die zaghafte Männerhand ab.

Heike nutzt eine andere Taktik. Sie streichelt einer Kuh das Kinn. Genussvoll hebt das Tier den Kopf und verdreht etwas die Augen. Erst ein lautes Meckern unterbricht die Harmonie. In der rückseitigen Stallecke stehen drei Ziegen und machen auf sich aufmerksam. »Thüringer

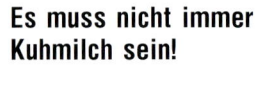

Wolfgang Beuse
Hindenburgstr. 8, 38709 Wildemann
Telefon (0 53 23) 62 87 oder 61 60

Wildemann
E-Mail: Info@wildemann.de
www.wildemann.de

Waldziegen«, sagt Wolfgang Beuse, »sind auch vom Aussterben bedroht. Früher hatte fast jede Bergarbeiterfamilie im Harz wenigstens eine Ziege. Es war die Kuh des kleinen Mannes. Zum Glück gibt es immer mehr Menschen, die wieder Ziegenmilch – auch gut für Allergiker – zu schätzen wissen.« Dann kehrt Wolfgang Beuse zu seinen Rindern zurück und erzählt, dass er sie an jedem ersten Pfingsttag herausputzt, schmückt, mit den Kuhglocken behängt und sie zur Freude vieler Besucher durch Wildemann zur Bergwiese treibt. Als wäre es ihr Stichwort, springen plötzlich zwei Hunde in den Stall. Auch diese Rasse, wie sollte es anders sein, – es sind so genannte Harzer

Füchse – ist vom Aussterben bedroht. Früher begleiteten sie die Harzer Hirten und waren hervorragende Hütehunde. Die eine Hundedame ist gerade tragend und erwartet ihren Nachwuchs in wenigen Wochen. Jeder Wurf ist wichtig für das Überleben der Rasse. Abnehmer für die Hundebabies hat Wolfgang Beuse auch schon. Wieder schaut er zur Uhr. »Noch Fragen?« Er sieht, dass sich das Ehepaar sichtlich wohl im Stall fühlt. »Wenn Sie möchten, können Sie ja noch etwas bleiben. Ich muss der jungen Dame vom Fernsehen noch einige Fragen wegen des Harzer Rotviehs beantworten. Wiedersehen!« Erst als Heike und Wolfgang Beuse in seinem kleinen Büro sitzen, gesteht die Moderatorin, dass eigentlich fast alle Fragen bereits beantwortet sind. Die Stalltür geht auf und unsere Kamerateams kommen herein. Gute drei Stunden später haben wir Wolfgang Beuse und seine roten Rinder im »Kasten«. Wir fahren weiter.

Der Harzer Fuchs – eine seltene Hunderasse. Aber eine, die sogar einen Internetauftritt hat: Unter home.t-online.de/home/pnaujoks/rechts.htm kann man sich da die schönsten Bilder ansehen und sogar das Porträt »seines« Harzer Fuchses veröffentlichen!

Es muss nicht immer Kuhmilch sein!

In Landolfshausen, am westlichen Vorharz betreibt Eberhard Prunzel-Ulrich seit 1981 einen Ziegen- und Schafhof. Der Biolandbetrieb stellt reinen Ziegen- und reinen Schafkäse her. Ihren Käse vertreiben die Landwirte entweder direkt ab Hof oder über Wochenmärkte.

Heide und Eberhard Punzel-Ulrich
Oberdorf 24, 37136 Landolfshausen
Telefon (0 55 07) 9 12 85
oder auf dem Wochenmarkt in
Göttingen (Di, Do, Sa vormittags);
freitags Markt in Bovenden.

Holzrücken im Wald:
Mit 1 PS geht es besser

»Holzrücken« ist eine Teamarbeit zwischen Mensch und Pferd.

Von Wildemann fahren wir nach Clausthal-Zellerfeld, machen einen kurzen Halt an der größten Holzkirche Deutschlands, und dann geht es weiter an der Okertalsperre vorbei in Richtung Bad Harzburg. Bevor wir das Städtchen am Fuße des Harzes erreichen, biegen wir in ein Waldstück ab. Nach gut 400 Metern auf einem holprigen Waldweg erreichen wir einen Viehtransporter. Wir steigen aus und lauschen. »Ihr werdet uns schon hören«, hatte man uns gesagt. Und richtig: Es schnaubt im Wald! Nicht weit entfernt sehen wir im Unterholz zuerst die Silhouette eines Pferdes und dann den Mann, der es führt. Unser Chefkameramann kratzt sich die Stirn. In dem unwegsamen Gelände wird es nicht einfach, mit drei Kameras hinter und vor allem vor die Pferde zu kommen. Günter Wagner kommt mit einem fast schwarzen Kaltbluthengst auf uns zu, sieht unsere Probleme und meint locker: »Ja, ich kann auch in wegsamerem Gelände arbeiten!« Doch wir entschließen uns da zu drehen, wo sie gerade sind. Es soll so authentisch wie möglich sein.

Zwei Wallache und ein Hengst ziehen mit einer erstaunlichen Geschicklichkeit riesige Kiefernstämme durch den Wald. Jedes Pferd bringt mehr als 800 Kilo auf die Waage. Seit acht Uhr sind die Tiere im Einsatz. Das Fell dampft, die Nüstern sind gebläht. Günter Wagner führt seinen Hengst zu zwei Stämmen, die sehr ungünstig zwischen anderen Kiefern liegen. Mit dicken Ketten werden die Stämme befestigt, dann zieht das Pferd an. Der mächtige Hals wölbt sich und der Hengst drückt seine breite Brust ins Geschirr. »Holz-

rücken« heißt der Fachausdruck für diese schweißtreibende Arbeit. Mit leiser Stimme spricht Günter Wagner mit seinem Pferd und am Spiel der Ohren ist zu sehen, dass der Hengst jedes Wort versteht. Eine so schwierige Aufgabe ist für das eingespielte Team kein Problem. Auch für unsere Kamerateams und für Heike läuft alles besser, als wir zuerst gedacht hatten. Am Wegesrand machen wir und die Pferde Pause.

»Ich arbeite gern mit Pferden«, sagt Günter Wagner, »aber ich setze sie nur noch im schwierigen Gelände ein.« Auf jeden Fall möchte Familie Wagner auch in Zukunft Pferde bei der Waldarbeit einsetzen, weil diese Tiere viel weniger Schäden anrichten als Traktoren und Rückemaschinen. Denn so schnell es auch mit moderner Technik geht, sie verdichtet oft den sensiblen Waldboden und beschädigt die Rinde der Bäume, sodass sich dann Parasiten ausbreiten können. »Außerdem,« meint Günter Wagner noch und streicht sanft über den Rücken seines Hengstes, »macht die Arbeit mit Pferden viel mehr Spaß.« Die dicken Pferde haben auch uns in ihren Bann gezogen. Es fällt schwer, Abschied zu nehmen.

Info

Günter Wagner
Bismarckstr. 14, 38667 Bad Harzburg
Telefon (0 53 22) 46 12 oder 5 25 41

Im Vollblutgestüt in Bad Harzburg sind edle Rösser zu sehen …

Bad Harzburg:
Pferde vor und hinter der Kamera

Irgendwann kommt jeder mal nach Bad Harzburg. Schließlich gibt es hier eine Soletherme mit verschiedenen Saunen, Sonnenterrasse und FKK-Dach. Es gibt Jazz-Abende im Schloss, Theater, Kabarett, Open-Air-Konzerte, Harzer Folklore Abende und die Bad Harzburger Musiktage. Es lässt sich an geruhsamen Sonntagen gemütlich durchs Zentrum bummeln. Achten Sie einmal auf die Hausfassaden – Sie werden viele Laubsägearbeiten entdecken! Von Bad Harzburg aus liegt Ihnen der Harz sozusagen zu Füßen. Es lohnen sich auch Besuche der verschiedenen Waldgaststätten, wo es Wurst vom »Galgen« gibt. Und für Spielernaturen gibt es das Casino. Doch für Menschen, die ein Herz für Pferde haben, bietet Bad Harzburg noch ein ganz besonderes Vergnügen: Das »Gestüt Harzburg«, das zweitälteste deutsche Gestüt, gegründet 1413.

Heike entdeckt sie zuerst. Übermütig galoppieren mehr als 20 edle Vollblüter mit erhobenem Schweif über eine Weide, die sich sanft zum Harz hin erhebt. Wir sind kurz vor dem Ortseingang von Bad Harzburg. Eine große Zuschauertribüne und auch die edlen Pferde zeigen, dass es nicht mehr weit ist zum »Gestüt Harzburg«. Kurz hinter dem Ortsschild biegen wir rechts ab und nach kaum 200 Metern stehen wir vor dem Anwesen. Andreas Kißler, der Gestütsleiter, empfängt uns. Der junge, schlanke Mann, dem die Begeisterung für »seine« Pferde bei jedem Wort, bei jeder Geste anzumerken ist, führt uns durch die alte, ehrwürdige Anlage.

Heike ist neugierig auf die Fohlen. Andreas Kißler führt uns in den »langen« Stall. Er wurde mit den Steinen der Harzburg erbaut, die im Dreißigjährigen Krieg zerstört wurde. Heute wird der Stall als Abfohl- und Fohlenstall genutzt. Die dicken Mauern sorgen Sommer wie Winter für ein angenehmes, pferdegerechtes Klima. Noch die schweren Kaltblüter aus dem Wald vor Augen, kommen die Vollblüter Heike eher zierlich vor. Einige Stuten mit ihren Fohlen müssen auf die Weide gebracht werden und schon hat unsere

Moderatorin eine Pferdedame mit Nachwuchs an der Hand. Schnell merkt sie, dass diese Pferde eine Menge mehr Temperament haben als ihre dicken Vettern vom Holzrücken. Schon an der Stalltür scheinen die Tiere das frische Gras zu schnuppern und tänzeln voller Vorfreude. Heike ist fasziniert: Trotz ihres Temperaments sind die Vollblüter leicht zu handeln. Doch kaum sind sie auf der Weide losgelassen, jagen sie im wilden Galopp davon. Sie scheinen kaum noch mit ihren Hufen den Boden zu berühren und wollen offenbar selbst den Wind einholen.

14 Fernsehleute und ein Gestütsleiter stehen schweigend, aber mit leuchtenden Augen, am Zaun und bewundern die Schönheit der Tiere. Als erster löst sich einer unserer Kameraassistenten aus der Gruppe und baut auf der Nachbarweide eine Kamera auf. Die Perspektive verspricht schöne Bilder. Die Rechnung hat er nur ohne die Einjährigen gemacht, die auch auf der Koppel stehen. Keine zwei Minuten später steckt das erste Pferd neugierig den Kopf nach der Kamera aus, probiert, ob Objektive essbar sind und wie ein Auslöser riecht. Die Sache scheint interessant! Ein Brauner steckt die Nase in die Anoraktasche des Assistenten und zieht voller Stolz das Reinigungsleder für das Objektiv heraus. Derweil kaut ein anderer am Futter der Kapuze und lenkt so davon ab, dass ein Junghengst soeben probiert, ob sich ein Stativ zum Fellscheuern eignet. Wir befreien unseren Assistenten aus seiner misslichen Situation und beschließen, die Bilder diesseits des Zaunes zu drehen – sehr zum Missfallen der Pferde. Wenn sie nicht gerade einen Kameraassistenten zur Verzweiflung treiben, machen die

Pferde einen sehr ausgeglichenen Eindruck. Sie fühlen sich auf dem 63 Hektar großen Gestüt wohl. Andreas Kißler zeigt uns zum Abschluss noch die Boxen. Zwischen 15 und 18 qm sind sie groß. Viel Platz für die kostbaren Vierbeiner. Als Höhepunkt für alle (Vollblut-) Pferdefreunde gelten die Harzburger Rennwochen. Noch einmal kräftig Pferde streicheln und ab ins Auto. Wir sind verabredet.

Info

Gestüt Harzburg
Am Schlosspark 17
38667 Bad Harzburg
Telefon (0 53 22) 8 15 65
Telefax (0 53 22) 8 74 81

**Für alle Pferdefreunde
eine gute Adresse:**
Die Harzburger Galopprennwoche mit 7 Renntagen in zwei Wochen. (Beginn: Mitte Juli) sowie die Trabrenntage im August. Info: Telefon (0 53 22) 36 07

Bad Harzburg
Touristinformation
Postfach 1364, 38667 Bad Harzburg
Herzog-Wilhelm-Straße 86
38667 Bad Harzburg
Telefon (0 53 22) 7 53 30
Telefax (0 53 22) 7 53 29
E-Mail: info@bad-harzburg.de
www.badharzburg.de

… die der Gestütsleiter Andreas Kißler auch gern einmal selbst präsentiert.

Im Klostergut Wölteringerode wird von altersher edler Korn gebrannt.

Wöltingerode:
Ganz schön kornig

Von Harzburg aus fahren wir Richtung Vienenburg. Unser Ziel: Die Klosterbrennerei Wöltingerode. Das eindrucksvolle Gebäude mit der Kirche ist schon von der Bundesstraße aus zu sehen. Wir fahren durch den Hoftorbogen und stehen plötzlich vor gut und gern 40 Traktoren – Oldtimertraktoren. Heike ist begeistert, springt gleich aus dem Wagen und bestaunt die guten Alten aus den Häusern Fendt, Hanomag, Deutz und natürlich Lanz Bulldog – die begehrtesten Vehikel aus der Traktorengeschichte.

Günter Heuer, der Leiter der Klosterbrennerei, kommt lächelnd auf uns zu. »Einmal im Jahr,« erklärt er uns, »treffen sich die Oldtimerfans auf dem Klostergut. Ein Spektakel, das Hunderte begeisterter Gäste anzieht.« Auch unser Team ist begei-

stert. In Windeseile ist es ausgeschwärmt und unterhält sich angeregt mit den Traktorenbesitzern. Unser Chefkameramann überlegt, ob er sich nicht auch einen Lanz zulegen sollte, zumal er eine Kate mit etlichen Quadratmetern Land an der Elbe besitzt. Der Tonmann ist ganz fasziniert von dem satten Klang der Maschinen und bringt in Erfahrung, dass echte Lanzfans die verschiedenen Baujahre des Kulttreckers am Klang unterscheiden können. Überhaupt, rund um die schwergewichtigen Maschinenpioniere der Landwirtschaft existieren eine Menge erlebter und sagenhafter Geschichten. So soll ein Lanzbesitzer 1945 auf der Flucht mit seinem Trecker von Ostpreußen bis vor die Tore Hamburgs gefahren sein. Das Besondere: Die letzten 300 Kilometer fuhr er in Ermangelung von Treibstoff mit Schmieröl.

Ein anderer Lanzfan hat gehört, dass ein Lanz in den 20er Jahren im Moor versunken sei. Ein alter Bauer zeigte ihm die ungefähre Stelle. Nach einem Jahr mit Schaufel und Spaten fand er ihn, buddelte ihn aus, restaurierte ihn bestens und machte den Lanz wieder fahrbereit. Wir brauchen zum Glück nur 15 Minuten, um unsere Teams wieder einzusammeln. Als ersten »Drehort« gucken wir uns – selbstverständlich – einen ganz modernen Traktor aus. Er zieht zwei Hänger mit klosterguteigenem Weizen, aus dem Korn gebrannt werden soll.

Günter Heuer fährt, Heike nimmt daneben Platz und unser Chefkameramann setzt sich auf die Motorhaube, damit er die beiden ins rechte Bild rücken kann. Im Schritttempo geht es zur Brennerei. Günter Heuer erklärt, dass das Kloster bereits 1174 gegründet wurde. Seit 1682 brannten die Nonnen dort Schnaps. Der Grund war einfach und nachvollziehbar: 1681 brannte das Kloster fast vollständig ab und im darauf folgenden Winter froren die armen Betschwestern so sehr, dass sie sich entschlossen, aus Korn nicht nur Brot zu backen, sondern ihn auch hochprozentig zu verflüssigen. Es muss wohl an den feinen Geschmacksnerven der Nonnen gelegen haben, dass ihr Korn bald weit über die Grenzen Wöltingerodes hinaus bekannt war. Verschiedene Liköre kamen mit der Zeit noch hinzu.

An der Produktionsart hat sich bis heute nicht viel verändert. Bis vor wenigen Jahren trieb sogar noch eine alte Dampfmaschine die Brauereitechnik an. Das gute Stück ist noch voll funktionsfähig und zu besichtigen. Der Brennereiweizen mit einem besonders hohen Stärkegehalt kommt ausschließlich aus eigenem Anbau, und der Korn reift in edlen Eichenfässern, was den Geschmack verbessert. Heike lässt sich den Pro-

Für Freunde der unverwüstlichen Traktoren ist ein echter Lanz-Bulldog immer ein Hingucker. Draufsitzen dürften allerdings nur wenige.

duktionsablauf von Günter Heuer genau erklären. Auch das Wasser kommt aus einem eigenen Brunnen. Die Klosterbrennerei Wöltingerode gehört zu den kleinsten Kornbrennereien der Republik und daran soll sich auch nichts ändern. Denn Günter Heuer und seine Mitstreiter setzen auf Qualität und nicht auf Masse. Zum Abschluss treffen wir uns alle unter der Kirche in dem alten Klostergewölbe, um den Korn zu verkosten. Ein köstlicher Tropfen, befindet unsere Moderatorin und freut sich, dass sie zu unserer nächsten Adresse das Auto nicht selbst lenken muss. Dann kann sie ja noch gut ein Gläschen trinken.

Solch ein wohlgefülltes Regal wünscht sich mancher Kornliebhaber!

Info

Klostergut Wöltingerode
38690 Vienenburg
Günter Heuer
Telefon (0 53 24) 58 80
Telefax (0 53 24) 58 60
www.woeltingerode.de

»Bergquell Naturhöfe«:
Adel verpflichtet ...

... mögen sich Nikolaus und Konstantin von Löbbecke gedacht haben, als sie vor Jahren in den Vertrieb und in die Vermarktung von Bioprodukten einstiegen. Unter dem Firmenlogo »Bergquell Naturhöfe« haben sie sich inzwischen einen Namen gemacht. Die beiden Ökounternehmer wohnen in einem alten Kloster aus dem 16. Jahrhundert. Es liegt an der B 4 in Dorstadt zwischen Schladen und Wolfenbüttel. 1810 hat das Bankhaus von Löbbecke das Kloster erworben. Seither lebt ein Zweig der Familie in dem ehrwürdigen Gebäude, das ständig liebevoll restauriert wird. Trotzdem, erzählt Nikolaus von Löbbecke, sei es schwer, im Herbst und Winter gegen die Kälte anzukämpfen. Die drei Generationen, die unter dem Dach des ehemaligen Klosters leben, pflegen jeden Mittag gemeinsam zu essen.

In einem Nebengebäude sind die Büros der »Bergquell Naturhöfe«. Von hier aus werden die Bioprodukte in die gesamte Bundesrepublik sowie nach England und in die Schweiz verschickt.

Ein altes Klostergut ist Wohnsitz der Familie von Löbbecke.

Auf einem Monitor wird uns ein »Hühnerprogramm« präsentiert. Konstantin von Löbbecke betreibt in Sachsen-Anhalt einen Hof mit Biohühnern, die Bioeier legen. Damit der Verbraucher sich über Haltung, Fütterung und Lebensgewohnheiten der Tiere informieren kann, gibt es Hühneralltag im Internet. Wir werden neugierig und fahren zu dem Betrieb. Es ist schon etwas ungewöhnlich, wie die 30.000 Hennen gehalten werden. Natürlich haben die Tiere Auslauf, und es ist selbstverständlich, dass nur hofeigenes Futter verfüttert wird. Aber jede Hennengruppe hat auch noch einen Hahn, was heute sonst eher selten ist. Konstantin von Löbbecke versichert uns, dass sich die galanten Hähne sehr positiv auf die Psyche der Hennen auswirken. Die Damen sind wesentlich friedlicher und auch ausgeglichener als ohne Herrenbegleitung und deshalb bleiben die Hähne auch auf dem Hof.

In einer Sortieranlage werden die Bioeier durchleuchtet, auf Bruch und Druckstellen untersucht und schließlich nach Handelsklassen verpackt. Eine tiergerechte Haltung, Biofutter und strengste Richtlinien auch für den Vertrieb machen die Qualität der Bioeier aus.

Ein Hinweis für alle, die Wert auf hohe Qualität legen: Es ist häufig zu hören, dass bei Bioprodukten im Allgemeinen und bei Bioeiern im Besonderen gepfuscht und betrogen wird. Das stimmt nur in wenigen Ausnahmefällen. Allerdings haben Untersuchungen gezeigt, dass viele solcher »Unregelmäßigkeiten« leider auf Wochenmärkten festgestellt wurden. Die großen Supermarktketten wie auch die Reformhäuser und Bioläden können sich solche Manipulationen in der Regel nicht leisten.

Wer sicher gehen will, sollte beim Kauf von Eiern wie auch anderen Bioprodukten immer auf das Gütesiegel eines Bioverbandes achten. Sie werden ständig kontrolliert und garantieren für ihre Produkte.

Gemeinsam fahren wir noch zur Lagerung und Verpackung der Biofrüchte und des Biogemüses, das die Gebrüder von Löbbecke vertreiben. Die riesigen Hallen, die Förderbänder und Abpackanlagen sind schon beeindruckend. Die moderne Bioproduktion hat kaum noch etwas mit Opas Bauernhof zu tun. Die Strategie ist klar: Biolebensmittel müssen schnell und frisch beim Verbraucher sein, ohne dass der dafür viele Umwege fahren muss. Zum Abschied probieren wir noch einige Bioäpfel und sind uns einig: Die schmecken wirklich gut.

Info

Bergquell Naturhöfe
Klosterhof 5, 38312 Dorstadt
Telefon (0 53 37) 92 51-0
Telefax (0 53 37) 92 51-23
E-Mail: info@bergquell.de
www.bergquell.de

Seit kurzem können Sie sogar bundesweit hochwertige Bio-Produkte der Marken »Bergquell Naturhöfe« und »Flockenhaus« online bestellen!

Tipp:
Wenn Sie von Wöltingerode nach Dorstadt fahren, besuchen Sie doch einmal das »Nordharzer Schlangenparadies« in Schladen. In der größten Schlangenfarm Europas können Sie über 1000 Schlangen, Krokodile, Piranhas, Echsen, Warane, Spinnen, Skorpione, Schildkröten und anderes Getier beobachten.

Nordharzer Schlangenparadies
Postfach 5, 38313 Schladen
Telefon (0 53 35) 17 30
Öffnungszeiten:
Täglich 9.00–18.00 Uhr
E-Mail: Info@schlangenfarm.de
www.schlangenfarm.de

Harsleben:
Harzer Käse stinkt nicht!

Stinkt der Harzer Käse oder nicht? Ist das Original gelb oder weiß? Macht Harzer Käse dick? Wer hat ihn wo und wann in letzter Zeit gegessen?

Auf dem Weg nach Harsleben über Wernigerode und Halberstadt gibt es eine Menge Gesprächsstoff in unseren NDR – Wagen. Kaum jemand weiß Genaues, aber gerade aus diesem Grund sind wir ja auch unterwegs in Richtung Harsleben. Denn hier hatte und hat die Traditionsfirma Rusack ihren Firmensitz. Seit 1915 produziert sie Original Harzer Käse.

Wir kommen gerade rechtzeitig, um noch die Käseproduktion in dem alten, vom Gründer der Firma, Otto Rusack, erbauten Gebäude mitzuerleben. Alte Fabrikgebäude haben etwas: Eine ganz bestimmte Aura, ein Flair, in dem man die Vergangenheit spürt, fühlt, ein wenig miterlebt – so auch bei der Rusack GmbH. In dem ehrwürdigen Gebäude werden wir von Gisela und Michael Maeße empfangen. Das sympathische Ehepaar, Michael Maeße ist der Enkel des Fir-

Kalorienarm, wenig Fett, viel Eiweiß: Harzer Käse ist eine ideale Speise für alle, die gern auf ihre Figur achten

mengründers, führt uns zur Vorbesprechung in sein Büro und serviert »Harzer Käse«. Die erste Frage wird gleich über die Nase beantwortet: Harzer Käse stinkt nicht – wenn man ihn richtig lagert!

Und: »Harzer Käse ist kein Harzer Käse.« Michael Maeße sagt's, versetzt uns in Erstaunen und schiebt Beunruhigendes hinterher: »Harzer Käse ist eigentlich Schweizer Käse.« Wie? Was? Michael Maeße erklärt: Die Geschichte des Harzer Käses begann vor etwa 350 Jahren. Eine Schweizer Familie wanderte während des Dreißigjährigen Krieges in den Harz aus. Sie ließ sich im Selketal nieder und machte Käse – Harzer Käse. Den machen auch Gisela und Michael Maeße – seit 1991 wieder in eigener Regie. Seitdem haben sie die Produktion von 280 Tonnen jährlich auf 3000 Tonnen erhöht und die Mitarbeiterzahl verdreifacht. »Vorher,« sagt Michael Maeße, »zu DDR-Zeiten, war die Käserei ein volkseigener Betrieb. Heute ist sie in der strukturschwachen Region ein wichtiger Arbeitgeber.«

Wir möchten die Produktion sehen (nachdem die Käseplatte bis auf den letzten Bissen von uns aufgegessen wurde!). Nur noch eines vorweg: Der erste Sauermilchkäse entstand bereits vor mehreren tausend Jahren. Damals bewahrten unsere Ururahnen ihre Milch in Tontöpfen auf. Blieb die Milch dort eine Weile, wurde sie zuerst sauer, dann dick und setzte man sie schließlich der Wärme des Feuers und der Luft aus, ließen Milchsäurebakterien den ersten »Sauermilchkäse« entstehen.

Michael Maeße führt uns, zeigt die Säcke mit dem Sauermilchquark, das Rohprodukt für den Harzer Käse; die Verarbeitungsbottiche; die Lagerung, in der der Käse reift und den Raum, in dem die Schimmelkulturen auf den Käse gesprüht werden. Unser Rundgang endet schließlich bei der Produktpalette. Insgesamt stellt die Käserei Rusack mittlerweile 25 verschiedene Käse her. Wir sehen, dass der Umzug in die neuen Gebäude dringend notwendig ist. Die Grenzen der Kapazitäten sind längst erreicht. »Und«, darauf ist der findige Unternehmer besonders stolz, »auch Bio-Harzer gehört mittlerweile zu unserer Produktpalette.« Wir wollen natürlich noch wissen, ob der Käse dick macht? Michael Maeße beruhigt uns sofort: »Harzer Käse hat kein Fett, aber sehr viel Eiweiß. Deshalb gilt er als diätetisch und kann nach Herzenslust gegessen werden.« Mit so vielen guten Informationen beginnen wir unsere Dreharbeiten. Damit der Zuschauer auch sieht, was so alles zum Harzer Käse dazu gehört. Schade, dass Fernsehen geschmacksneutral ist!

Flinke Hände braucht man schon, wenn man echten Harzer Käse herstellen will.

Harzer Käserei Rusack
Am Schützenkrug 10, 38829 Harsleben
Telefon (0 39 41) 56 58 40
Telefax (0 39 41) 56 58 55
E-Mail Info@rusack.de
www.rusack.de

Osterode:
Wenn's um die Wurst geht ...

Hier darf es gern auch ein Stück mehr sein – wenn die NDR-Moderatorin zum Messer greift, wird es nahrhaft.

... ist man im Harz gut bedient. Unsere nächste Adresse ist die Familie Reinhardt in Eisdorf bei Osterode. Am frühen Nachmittag haben wir Harsleben verlassen und fahren über Blankenburg und Braunlage auf Osterode zu. Eine Fahrt, die wesentlich länger dauert, als wir eigentlich geplant hatten. Immer wieder stoppen wir, weil unsere Kameramänner laufend »tolle« Motive entdecken – zu recht. Auf dieser Fahrt lassen wir uns endgültig auf den Harz ein, entdecken seine Vielfalt, seine rauen wie lieblichen Seiten, die Kraft der Natur und die Schönheit einer in der Landschaft integrierten Architektur. Spät kommen wir in Osterode an und verabreden uns mit Herrn und Frau Reinhardt am nächsten Morgen – ganz früh!

Um kurz vor fünf Uhr fahren wir auf den Hof der Reinhardts. Es ist noch dunkel und wir haben auf unserer Fahrt nur wenige erleuchtete Fenster gesehen. Der erste Hahn kräht im Dorf und seine Stimme scheint noch vom Morgentau und der Nachtkälte belegt zu sein. Wesentlich frischer begrüßt uns Frau Reinhardt. »Mein Mann ist noch beim Schweine füttern,« erklärt sie kurz, »aber Sie könnten doch sicher noch eine Tasse Kaffee und ein gutes Wurstbrot gebrauchen?« – und schon sitzen wir in der warmen Küche am reich gedeckten Tisch. Wer ist bloß auf die absurde Idee gekommen zu behaupten, die Harzer seien abweisend und wenig gastfreundlich? Heißer Kaffee und Wurststullen sind morgens um fünf Uhr an kühlen Tagen ein Gedicht. Man kann sich die Kälte mit der deftigen Wurst aus dem Körper essen.

So muss es auch den Bergleuten gegangen sein. Das Scherperessen als wichtiger Energiespender, das auch noch hervorragend schmeckt!

»Guten Morgen!« Wilhelm Reinhardt kommt herein und nimmt sich auch ein Mettwurstbrot. Seit gut einer Stunde ist er schon auf den Beinen, hat zwei Schweine zum Schlachter gebracht und die anderen Tiere gefüttert. In gut zwei Stunden wird er auf dem Bauernmarkt in Osterode stehen und seine Frau im eigenen Hofladen.

Ob ihnen das frühe Aufstehen nicht manchmal auf die Nerven geht, wollen wir wissen. Die Reinhardts sehen uns nur verwundert an. So blöde Fragen können wohl nur Stadtpflanzen wie wir stellen. »Bauer sein,« erklärt uns Herr Reinhardt,

»bedeutet, in anderen Größenordnungen zu denken. Die Tiere fordern ihr Recht, die Natur macht die Vorgaben, wann man was tun kann und wann nicht. Bei aller modernen Technik, die zweifelsohne die Arbeit in der Landwirtschaft erheblich erleichtert hat, wird der Tagesablauf doch noch zum größten Teil von Mutter Natur bestimmt.«

Das Telefon klingelt, Schlachter Wode möchte wissen, wo wir bleiben. Er will mit dem Wurstmachen beginnen. Auf dem Weg zu Hausschlachter Wode – er wohnt keine 300 Meter von Reinhardts Hof entfernt, erklärt uns Wilhelm Reinhardt, dass er vor zehn Jahren fast 400 Schweine hatte und damals wegen der ständig fallenden Fleischpreise immer weniger verdiente. Erst als er sich entschloss, seine Tiere selber zu vermarkten, ging es wieder bergauf. Heute verdient er mit den 50 Schweinen, die er im Stall stehen hat, wesentlich mehr als damals mit den 400 Tieren. Hinzu kommt die Gewissheit, dass seine Schweine keinen Transportstress haben und schnell und schmerzlos geschlachtet werden: »Auch das macht die Qualität der Wurst aus«, sagt er mit fester Überzeugung.

Das Geheimnis richtig guter Wurst kennt nur er – und Schlachter Wode verrät es natürlich nicht.

Schlachter Wode stellt gerade Sülze her. »Aber ohne vorgefertigte Gewürzmischungen!« Gute Wurst zu machen, ist kein Geheimnis, aber eine Kunst, zu der die richtigen Zutaten gehören. Familie Reinhardt lässt – bis auf das Filet – das ganze Schwein zu Wurst verarbeiten. Dadurch ist der Fleischanteil sehr hoch und das hebt die Qualität. Die Gewürzzusammensetzung hat Schlachter Wode von seinem Lehrmeister übernommen und im Laufe der Jahre weiter verfeinert.

Als letzte Station besichtigen wir den Rauch. Feinste Buchenspäne geben der Wurst den letzten Pfiff. Kein Wunder, dass die Reinhardts keine Absatzschwierigkeiten haben.

Gleich nachdem wir in die Wurstküche gegangen waren, hat sich Herr Reinhardt verabschiedet. Er will nach Osterode zum Bauernmarkt. Wir sind für später an seinem Stand verabredet. Nachdem wir beobachtet haben, wie Sülze und Mettwurst gemacht werden, gehen wir zum Hofladen der Reinhardts.

Im Regal hinter der Theke entdecken wir Marmelade – aus eigener Herstellung. Neben der Wurstproduktion verarbeiten sie auch noch eigene Früchte. Der Verkaufsschlager ist eine Johannisbeerkonfitüre mit Vanille und Rotwein – eine Kreation von Frau Reinhardt.

Aber dann geht es weiter Richtung Osterode und wir gucken verliebt rechts und links in den Harz hinein, oder, um es mit Heinrich Heine zu sagen: »Der Weg nach Clausthal führt mich wieder bergauf, und von einer der ersten Höhen schaue ich nochmals hinab ins Tal, wo Osterode mit seinen roten Dächern aus den grünen Tannenwäldern hervorguckt wie eine Moosrose.« Kurz vor Mittag kommen wir dann auf dem Bauernmarkt in Osterode an und können Wilhelm Reinhardt nicht entdecken – so viele Wurst und Marmelade suchende Kunden drängen sich vor seinem Stand. Die Bauernmärkte in Osterode und auch in Clausthal-Zellerfeld sind während der Sommermonate feste Institutionen geworden. Es sind ausschließlich Bauern und keine Händler, die dort ihre Produkte anbieten. Einige Stände neben dem von Herrn Reinhardt treffen wir Lothar Oberländer, einen Landwirt mit ganz besonderen Betriebszweigen. Die lernen wir gleich kennen, doch zunächst werfen wir noch einen Blick auf Osterode, das Tor zum Südharz (das wir in einer späteren Folge besuchen werden). Die St. Aegidien-Marktkirche ist der weit sichtbare Mittelpunkt der Stadt. Im »Ritterhaus« kann man die Stadtgeschichte nachvollziehen. Nicht weit vom »Historischen Rathaus« liegt der Barockbau des Harzkornmagazins. Bis zu 2000 Tonnen Brotgetreide ließ das Hannoversche Herrscherhaus für seine Untertanen hier einlagern. Apropos Getreide: Früher brachten Eseltreiber das Brotgetreide in den Oberharz. Sie waren selbstständige Kornhändler und sehr angesehene Gäste im Harz, nahmen sie doch den Bauern den beschwerlichen Weg ins Tal ab. Die Plastik eines Eseltreibers steht vor dem »Historischen Rathaus«.

Info

Familie Reinhard
Steinweg 11, 3753 Eisdorf
Telefon (0 55 22) 8 26 87

Fremdenverkehrs- und Kulturamt
Eisensteinstraße 1, 37520 Osterode
Telefon (0 55 22) 31 83 32
Telefax (0 55 22) 31 82 01

Gut Uehrde:
Ganz schön wild

Nun aber zu Lothar Oberländer, dem Landwirt mit den ganz besonderen Betriebszweigen, den wir auf dem Osteroder Markt kennenlernten. Sein Hof ist das Gut Uehrde bei Osterode. Statt Rindviechern und Hausschweinen ziehen prachtvolle Rot- und Damhirsche über die Weiden und Wiesen. Was vor vierzig Jahren als Hobby begann, ist heute der wichtigste Betriebszweig. In die großen Weiden sind auch immer Waldflächen integriert, in die sich das Wild zurückziehen kann. Lothar Oberländer macht einen ausgesprochen ausgeglichenen Eindruck. »Ich freue mich jeden Morgen aufs Neue, dass ich nicht in einen der intensiven Mastställe gehen muss«, sagt er. »Ich kann meine Tiere in freier Natur füttern und das ist auch nur im Winter erforderlich.«

Die Kosten für diese Art der Tierhaltung sind so wesentlich geringer. Lothar Oberländer muss z.B. kein teures Mastfutter kaufen, spart Personal und auch viele Tierarztkosten. Die Wildschweine, die in einem anderen Gehege gehalten werden, be-

Herrlich anzusehen ist das Damwild, das über die Wiesen und Weiden von Lothar Oberländer galoppiert.

Der Herr des Wildes: Lothar Oberländer ist ein Landwirt mit einem großen Herzen für Rot- und Damwild. Auch Wildschweine finden bei ihm ein gutes Heim.

kommen so genanntes Ausputzfutter, also Reste, die beim Reinigen des Korns übrigbleiben. Je nach Bedarf schießt Lothar Oberländer dann die Tiere aus den Herden. Übrigens die schonendste Art Wildtiere zu töten.

Im Hofladen auf Gut Uehrde werden Wildfleisch, geräucherter Wildschinken und Mettwurst vom Hirsch dann von Hannelore Oberländer verkauft. Einen Braten sollte man jedoch immer vorbestellen!

Neben Wildbret vom Rot-, Dam- und Schwarzwild aus den Gehegen von Gut Uehrde, bietet Familie Oberländer auch Bio-Rindfleisch von ihrem Hof in Rotha, Sangerhausen, an. Es stammt von robusten Fleischrindern, die ganzjährig auf der Weide stehen. Es ist zu empfehlen, sich vorher telefonisch anzumelden, da nicht immer alle Fleischsorten vorrätig sind.

Info

Gut Uehrde
Uehrde 38, 37520 Osterode
Telefon (0 55 22) 7 26 98
Telefax (0 55 22) 7 13 30

Harzer Hexe: Kräuterzauber im Klassenzimmer

Es geht natürlich nicht an, dass wir eine Landpartie im Harz drehen, ohne eine echte Hexe zu zeigen. In Bad Grund werden wir fündig. Ilona Reisen ist zwar hauptberuflich Lehrerin, doch nebenberuflich ist sie Hexe und bewohnt gleich am Ortseingang ein kleines Fachwerkhaus. Der Garten hinter ihrem Haus ist eine Fundgrube für alle Kräuterfreaks. Doch die Kräuterhexe möchte mit uns nicht in den Garten gehen, sondern sie will uns in den Wald führen, um dort die Heilkräfte der Natur zu sammeln.

Unsere kleine Karawane setzt sich also in Bewegung und fährt in ein Waldstück oberhalb von Bad Grund. Der Fichtenwald ist dunkel und wir marschieren eine ganze Weile, bis wir zu einer weiten, zum Tal hin offenen Lichtung kommen. Es ist Frühjahr und die ersten Pflanzen zeigen ihre zarten, jungen Triebe. Viel wächst noch nicht, aber die Hexe ist zufrieden: »Das Angebot der Natur reicht schon, um eine Kartoffelsuppe mit frischen Kräutern zu kochen.« Da ist beispielsweise die Vogelmiere, die gut für die Blutgefäße sein soll; der Löwenzahn mit seinen Vitaminen; der etwas bittere Sauerampfer oder der Wegerich, dem eine positive Wirkung auf die Bronchien nachgesagt wird und gegen Frühjahrsmüdigkeit hilft auch noch das Gänseblümchen.

Heike wundert sich, wie schnell Ilona Reisen ihren Korb gefüllt hat. Unsere Moderatorin hat Probleme, die verschiedenen Kräuter auseinander zu halten, zumal die Pflanzen jetzt im jungen Zustand noch nicht ihr endgültiges Aussehen haben. Wir möchten natürlich wissen, seit wann

Ilona Reisen Kräuter sucht. Wie es sich für eine Lehrerin gehört, hat sie ihr Wissen aus Büchern. »So vor gut 20 Jahren«, berichtet Ilona Reisen, »fand ich ein altes Buch aus dem Harz, in dem über Kräuterfrauen berichtet wurde.« Heike wird neugierig. Kräuterfrauen? Ilona Reisen nickt und pflückt ein kleines Gänseblümchen. »Frauen aus dem Oberharz,« erklärt sie, »haben bis Anfang des 20. Jahrhundert in Kiepen Lebensmittel, Kolonialwaren und Post aus dem Unter- und Vorharz geholt und Kräuter dafür mit talwärts genommen. Die Kiepenfrauen waren überall wegen der Heilkräuter bekannt. Erst in den 70er Jahren erinnerten sich einige an diese Frauen und entdeckten auch die Kräuter wieder.«

Kühler Wind weht von den Bergen herunter. Wir haben genug Kräuter und kehren zum Haus von Ilona Reisen zurück. Die »Küchenhexe«, ein alter Ofen, strahlt behagliche Wärme ab. Heike bekommt ein kleines Messer in die Hand gedrückt und darf Kartoffeln schälen. Derweil würfelt die Kräuterhexe zwei Zwiebeln. Nachdem beides sämig gekocht ist, kommen die frischen Kräuter hinzu. Ilona Reisen rät, alle Kräuter,

Ilona Reisen ist zwar hauptberuflich Lehrerin, doch in ihrer freien Zeit widmet sie sich dem Kräutersammeln – für leckere Süppchen, die auch Kinder schadlos essen können.

soweit es geht, frisch zu verarbeiten. »Sammeln, zubereiten, essen!«

Wir verabschieden uns und erfahren zum Schluss noch, dass die Kräuterhexe auch ab und zu Seminare in Sachen Heilpflanzen gibt.

Ein kurzer Rundgang durch Bad Grund bringt uns zum Uhrenmuseum der Stadt in der Nähe des Kurparks. Mehr als 1500 Uhren aus sechs Jahrhunderten, von der Taschen- bis zur Kirchturmuhr, finden sich hier. Ganz in der Nähe des Uhrenmuseums findet sich auch das Bad Grunder Bergbaumuseum. In der Schachtanlage Knesebeck, aus der das Museum hervorgegangen ist, wurde erst 1992 das letzte Erz gefördert. Heute kann hier der Besucher anhand vieler authentischer Ausstellungsstücke die Geschichte des Harzer Bergbaus seit den Anfängen im Mittelalter verfolgen. Am augenfälligsten ist wohl der Hydrokompressionsturm, in dem seit Beginn des 20. Jahrhunderts direkt aus der Wasserkraft Druckluft für die Maschinen unter Tage erzeugt wurde.

Wer jetzt ganz dringend frische Luft braucht, der fährt zurück nach Bad Grund. Hier steht die Kirche zwar mitten im Dorf, aber die Bäume wachsen dafür in den Himmel: Grund dafür ist das Arboretum. Im Exotenwald von Bad Grund wachsen Bäume aus allen Kontinenten. »Vergessen Sie die Mühsal einer aufwändigen Expedition,« wird der neugierige Gast beruhigt, » nur weil Sie mal einen Mammutbaum aus nächster Nähe sehen wollen oder Bekanntschaft mit dem amerikanischen Amberbaum schließen wollen. Das können Sie viel einfacher bei uns in Bad Grund haben.«

Tatsächlich blüht und gedeiht es am Bad Grunder Ortsrand seit über 25 Jahren. Arboretum bedeutet übrigens

Doch vor den Genuss hat der liebe Gott auch beim Kräuter essen die Arbeit gesetzt. Dank fachkundiger Hilfe gelingt aber auch der NDR-Moderatorin ein schmackhaftes Süppchen.

nichts anderes als eine »Sammelpflanzung verschiedener Bäume zu Studienzwecken«. 1975 erschloss das niedersächsische Forstamt Grund ein 100 Hektar großes Areal, um mit wissenschaftlichen Methoden das Wachstum fremdländischer Bäume in unserem heimischen Klima zu untersuchen. Wie groß ist die Krankheitsanfälligkeit? Wie blühen die einzelnen Bäume hier bei uns? Und wie sieht es mit der Fruchtbildung aus? All das interessierte die Fachleute schon damals, und so entstand in Bad Grund eine der größten Anlagen dieser Art in Deutschland.

Der »Exotenwald«, wie die Bad Grunder das Arboretum liebevoll nennen, ist ein Revier zum Wandern und Erholen: Ein erfreulicher Nebeneffekt für den Gast von außerhalb. Schließlich kann er hier ganze Kontinente in wenigen Stunden abschreiten. Da geht es vom südöstlichen Asien ins Mittelmeergebiet. Gerade noch erging man sich unter den wuchtigen Bäumen Westamerikas, Minuten später stehen Sie schon staunend im Kaukasus! Selbst absolute Baum-Ignoranten werden es merken, wenn sie die einzelnen Gebiete wechseln. Bei fast 45000 Einzelpflanzen

aus über 520 verschiedenen Arten fallen manche Unterschiede ins Auge.

Verloren gehen kann auch niemand, denn ein modernes Wegeleitsystem informiert einerseits über die wichtigen Fakten zu den einzelnen Pflanzen und weist andererseits auch per Pfeil Richtung Ausgang.

Tief in den Berg eindringen können Sie bei der Iberger Tropfsteinhöhle, die an der B 242 oberhalb von Bad Grund liegt. Der Iberg ist ein ehemaliges Korallenriff, in dem sich im Laufe der Jahrmillionen viele Höhlen gebildet haben. Die bekannteste ist die Iberger Tropfsteinhöhle. Vor mehr als 450 Jahren von Bergleuten entdeckt und seit mehr als 100 Jahren für Besucher zugänglich. Hier erfährt jedermann und jederfrau, was es mit Stalagmiten und Stalagtiten auf sich hat und wie wunderschön diese Gebilde aussehen.

Info

Ilona Reisen
Laubhütterweg 1, 37539 Bad Grund

Uhrenmuseum
Elisabethstraße 14, 37539 Bad Grund
Telefon (0 53 27) 10 20 oder 42 96
Öffnungszeiten:
Di–So 10.00–18.00 Uhr.

Bergbaumuseum Schacht Knesebeck
Knesebecker Weg 1, 37539 Bad Grund
Telefon (0 53 27) 28 26 oder 28 58
Öffnungszeiten: Mai bis Oktober:
Di–So 10.00–16.00 Uhr; November
bis April: Di und So 10.00–16.00 Uhr.

Bad Grund Touristik
Elisabethstraße 1, 37539 Bad Grund
Telefon (0 53 27) 70 07 10
Telefax (0 53 27) 70 07 70
www.harz-web.de/bad-grund

Iberger Tropfsteinhöhle
Telefon (0 53 27) 7 00 78
Öffnungszeiten: April bis Oktober:
Di–So 9.00–16.30 Uhr; November, Februar und März: Di–So 10.00–15.30 Uhr;
Dezember und Januar: Do und So
10.00–15.50 Uhr.

Bauernmarkt Herzberg: Aller Abschied ist schwer

Unsere letzte Station ist der Bauernmarkt in Herzberg. Vor einigen Jahren haben sich Harzer Bauern zusammen getan und ihren Bauernmarkt ins Leben gerufen. Händler und Grossisten haben auf den Märkten nichts verloren – und das merkt man auch! Heike schlendert über den Markt, während wir die Technik aufbauen. Am Stand der Landfrauen probiert sie hausgemachten Kuchen mit Schmand. Er sieht vielleicht nicht so perfekt aus wie der aus der Konditorei, aber der Geschmack ist ein Gedicht.

Auch ein Imker bietet seine Produkte an. Vom Honig über Kerzen bis hin zum Met ist an dem Stand alles aus Honig zu bekommen. Nachdem Heike dann noch diverse Obstsorten aus Bauerngärten gekostet hat, können wir mit den Dreharbeiten beginnen. So, Heike, jetzt kannst du all die Köstlichkeiten für unsere Zuschauer probieren. Wie, du bist satt? Macht nichts, das sieht ja keiner im Fernsehen. Also, wir fangen mit dem selbstgebackenen Kuchen an und dann …

Der Bauernmarkt in Herzberg – keine Großhändler, kein Zwischenhandel, hier verkaufen echte Bauern ihre Waren.

Sollte es Sie zum Bauernmarkt nach Herzberg führen, dann stoßen Sie mit Sicherheit auf Herzbergs größte Attraktion: Das Welfenschloss. Das Herzberger Welfenschloss ist Niedersachsens größtes Schloss in Fachwerkbauweise. Von außen prächtig und von innen macht es mächtig was her: Da gibt es ein Faksimile des Evangeliars Heinrichs des Löwen, eine Zinnfigurenausstellung, eine Forstausstellung »Vom Urwald zum naturnahen Wirtschaftswald«, den Rittersaal als Konzert-, Vortrags- und Ausstellungsraum und ein Schlossrestaurant.

Und wer auf dem Bauernmarkt schön eingekauft hat, kann sich danach auch ein leckeres Mahl zaubern!

Info

Stadt Herzberg am Harz
Touristinformation
Marktplatz 30/32
37412 Herzberg am Harz
Telefon (0 55 21) 8 52-1 10 oder
                         8 52-1 11
Telefax (0 55 21) 8 52-1 20
E-Mail: touristinfo@herzberg.de
www.herzberg-am-harz.de

Allgemeine und besondere Informationen erhalten Sie über den Nordharz:
Harzer Verkehrsverband e.V.
Marktstraße 45, 38640 Goslar
Telefon (0 53 21) 34 04 0
Telefax (0 53 21) 34 04 66
E-Mail: info@harzinfo.de
www.harzinfo.de

Vorpommersche Boddenlandschaft

Wer einmal in der vorpommerschen Boddenlandschaft war, der kommt garantiert wieder. Am Bodden gibt es Leute wie den Fischer Ludwig Permin, der wortkarg, aber freundlich mit dem NDR Boot fuhr. Menschen wie Andreas Schönthier, der heute noch mit dem Zeesboot arbeitet!

Am Bodden wird das Reetdach noch traditionell gedeckt und ein komplettes NDR-Team stieg einem alten Haus deshalb aufs Dach. Kompliment!

Hier gibt es noch Pommerngänse und Pommernschafe, sogar Pommernenten haben überlebt; und Damwild wird auch hier nicht nur der

Nationalpark

che Boddenlandschaft

Kirr

Groß-
Mohrdorf

Bergen

`96`

`105`

Stralsund

Richtenberg

`96a` `96`

zburg

`194`

Grimmen

Greifswald

Deyelsdorf

`96` `109`

Schönheit wegen gehalten, sondern auch wegen seiner guten Fleischqualität. Und wer darauf jetzt einen Korn kippen muss, der bleibt auch da Vorpommern verbunden.

Hier lassen sich Hirsche, Rehe und Seeadler aufs Schönste beobachten und Kräuter für Spezialitäten sammeln. Wo wir schon beim Grünen sind: Eine Bio-Eisfabrik lag auch am Wegesrand, nur echt mit dem guten alten DDR-Eislöffel! Gegessen wird überhaupt gern und deshalb darf

auch ein gutes Rezept nicht fehlen: ein Spickhecht, zum Nachkochen!

Wie gut es die Bauern mit ihrem Vieh am Bodden meinen, sieht man schon daran, dass sie ihre Kühe auf Kreuzfahrt schicken. Nicht besonders weit, aber dafür mit besonders schönem Landgang.

Und wer wegen der Kraniche kommt, die im September zu Zehntausenden am Bodden einfallen, der ist ohnehin richtig – im schönen Mecklenburg-Vorpommern.

Um Kraniche aus solcher Nähe zu sehen, kommen Touristen jedes Jahr nach Mecklenburg-Vorpommern. Verstehen kann man das schon!

Expeditionen ins Tierreich

Von Kranichen und allerlei vorpommerschem Getier

Die erste »Landpartie« war ein großer Erfolg und so sind wir im September ein zweites Mal unterwegs: in der vorpommerschen Boddenlandschaft. Boddenfischerei, Hirschbrunft, Segeln mit einem so genannten Zeesboot, Deutschlands erste Bio-Eisfabrik, der legendäre Kranichzug, viel Strand und Meer – wir gehen die geplanten Stationen der Sendung noch mal durch. Ohne Dreharbeiten wäre es ein tolles Urlaubsprogramm. Wenn nur das gute Wetter anhält und es keine unerwarteten Komplikationen gibt …

Um 11.34 Uhr sind wir mit Heike in Rostock verabredet, die von Berlin mit der Bahn anreist. So haben wir auf dem Weg zum Hotel noch gut eine Stunde Zeit, um über die nächsten Tage zu sprechen. Für Heike ist es fast eine Reise in die Kindheit – vor rund zwanzig Jahren war sie zu-

letzt mit ihren Eltern direkt am Bodden, schließlich ist sie im nur gut fünfzig Kilometer entfernten Grimmen aufgewachsen. Inzwischen sieht auch für sie auf den ersten Blick alles ganz anders aus. Nur die Natur hat ihre urwüchsige Schönheit bewahrt, so wirkt es zumindest im Vorbeifahren. Heike ist total überrascht, wie viele Drehorte wir in dieser eigentlich eher kargen Küstenregion und ihrem Hinterland gefunden haben.

Nicht Meer, nicht See, weder Förde noch Fjord, sondern von allem etwas – der Bodden. Wie ein großer Binnensee, von der Ostsee durch eine schmale, rund fünfzig Kilometer lange und teilweise nur wenige Meter bis Kilometer breite Landzunge getrennt, unterteilt in die Abschnitte »Fischland«, »Darß« und »Zingst«. Nur ein schmales Rinnsal verbindet den Bodden mit der Ostsee.

Das Hotel »Speicher Barth«: Schlafen, wo einst Getreide lagerte

Vom obersten Stockwerk des Hotel »Speicher« in Barth haben wir einen fantastischen Blick auf dieses vom Meer fast ganz abgetrennte Gewässer. Hier ist für die nächsten Tage unser Hauptquartier, denn von Barth aus können wir alle Drehorte innerhalb einer Stunde Fahrzeit erreichen. Und es war das einzige Hotel weit und breit, das unser 15-köpfiges Team noch so relativ kurzfristig aufnehmen konnte. Denn Anfang September beginnt am Bodden schon wieder die »zweite« Hochsaison: Die ersten Kranichschwärme aus Skandinavien und dem Baltikum machen dann für einige Wochen zu Zehntausenden in der Region Rast. Dieses einmalige Naturschauspiel lockt alljährlich Naturfreunde aus ganz Deutschland an.

Frank Börgert, der junge Küchenchef und Geschäftsführer des Hotels, hat uns drei spontan an die Hand genommen und eine kleine Hotelführung angeboten. Auch von innen ist die ursprüngliche Funktion des Hauses als Getreidespeicher fast überall zu ahnen – sogar die Zimmerwände sind noch aus den originalen Holzbohlen, die früher das Getreide einfassten. Die Zimmer selbst sind, wie das ganze Hotel, sehr komfortabel und behaglich – um nicht zu sagen: luxuriös – ausgestattet und haben so gar nichts mit den uniformen Räumen eines beliebigen Kettenhotels gemeinsam. Alles ist architektonisch sehr pfiffig gelöst. Jedes Zimmer ist anders gestaltet, die meisten erstrecken sich über zwei Ebenen. Sogar Details wie die Waschtischarmaturen sind individuell gestaltet. Und wer sich abends nicht vom Küchenchef Frank Börgert im Restaurant verwöhnen lassen will, kann sich in der Kochnische selbst etwas zubereiten. Aber mal ehrlich: Selber kochen? Im Urlaub? Nee!

Hotel Speicher Barth: So nobel lässt sich ein ganz normaler Getreidespeicher umbauen.

Foto: ©Ingo Wandmacher

Fischerboote im Dämmerlicht eines ruhigen Sommerabends.

Auf der Terrasse, überdacht und mit Teakholzbohlen belegt, genießen wir bei einem Cappuccino den Blick auf den kleinen Hafen von Barth und gönnen uns eine letzte Pause, bevor die Teamkollegen nacheinander eintrudeln. Heute steht nur die Anreise und anschließend eine Teambesprechung im Hotel auf dem Programm. Für Heike werden es alles neue Gesichter sein, denn von der »Harz-Crew« ist dieses Mal, von uns abgesehen, keiner dabei. Das heißt auch für uns, dass wir alle auf unser Konzept neu einschwören müssen: Die Menschen ruhig bei ihrer Arbeit und im Gespräch mit Heike beobachten, sich dabei mit der Kamera so unauffällig wie möglich bewegen und – wenn es geht – alles beim ersten Durchgang in den Kasten bekommen. Denn schließlich soll alles so natürlich wie möglich

bleiben, obwohl »das Fernsehen da ist«. Und wenn einer der Kollegen mit seiner Kamera dann doch »im Bild 'rumsteht«, kann das ruhig zu sehen sein – schließlich soll auch der Zuschauer wissen, dass wir nicht mit der versteckten Kamera arbeiten oder alles extra inszeniert haben. Denn alles, was wir wiederholen müssen, sieht erfahrungsgemäß auch so aus oder hört sich so an – Spontanietät lässt sich eben nur sehr schwer wiederholen – die Kollegen vom Spielfilm brauchen dafür mitunter -zig Versionen und arbeiten mit Schauspielern. Bei der »Landpartie – Im Norden unterwegs« soll alles »echt« sein, also sollte alles beim ersten Mal auch klappen.

Das und vieles mehr soll Thema unserer Teambesprechung um 15.00 Uhr sein. Aber zu der Uhrzeit ist vom Team weit und breit nichts zu sehen. Eine halbe Stunde später brummt der erste Teamwagen auf den Hof. »Wir haben so wahnsinnige Motive auf der Fahrt gesehen, so ein fantastisches Licht – ich hab' euch schon mal ein paar Einstellungen gedreht – die anderen haben wir irgendwo verloren …«. Nicht nur unser Jung-Kameramann hat sich spontan in die Region verguckt, auch alle anderen haben sich auf der Fahrt irgendwo verplaudert oder vielleicht auch nur so die Sonne genossen. Kaum sind die ersten Kollegen da, ist schon der Aufnahmeleiter gefragt – beim Einchecken stellt sich heraus, dass sich leider zwei Kollegen ein Zimmer teilen müssen – dafür immerhin eine Suite. Von allen bedauert, wird schließlich das »Frauenteam«, eine Kamerafrau und ihre Assistentin, in die Suite im obersten Stockwerk geschickt. Wie sich herausstellt, teilen sich die beiden da oben mehr Wohnfläche als die meis-

Mit dem Fischer Ludwig Permin wagt sich das komplette NDR-Team aufs Wasser.

ten Einfamilienhäuser zu bieten haben und genießen dazu den mit Abstand schönsten Blick über den Bodden. Keine Frage, wo am meisten Platz für die inoffiziellen Teamfeten nach Drehschluss ist …

Info

Ringhotel »Speicher« Barth
Am Osthafen, 18356 Barth
Telefon (03 82 31) 6 33 00
Telefax (03 82 31) 6 34 00
E-Mail: speicher-Barth@t-online.de
www.Speicher-Barth.de

Barth Information
Frau Exler
Lange Straße 16, 18356 Barth
Telefon + Fax (03 82 31) 24 64
E-Mail: info@stadt-barth.de
www.stadt-barth.de

Der Mann fürs Meer: Mit Ludwig Permin auf dem Bodden

Ein langezogenes »Ja« oder auch ein »Nein« und ein viel Vertrauen einflößendes und gleichzeitig verschmitztes Lächeln – viel mehr war es nicht, was wir dem Boddenfischer Ludwig Permin beim Vorgespräch an seiner Fisch-Imbissbude nah dem Hafen von Wieck entlocken konnten. Dennoch glaubten wir, dass er für unsere Landpartie vom Bodden der richtige Mann sein würde. Heike würde ihn vor laufender Kamera schon zum Plaudern bringen können, hofften wir. Wir konnten Ludwig Permin schließlich überzeugen, nicht nur Heike, sondern zusätzlich mit einem Beiboot noch etliche Fernsehkollegen auf einer Fangfahrt auf dem Bodden mitzunehmen. Und der Rest der Crew sollte alles von Land aus drehen.

Unsere Verabredung ist schon zwei Wochen alt, als wir uns dann tatsächlich am frühen Morgen auf den Weg machen. Nicht in Wieck, sondern an der Küstenstraße nach Zingst, »hin-

Der Fischer Ludwig Permin.

ter der zweiten Kurve die kleine Stichstraße nach rechts … da komme ich dann hin«, hat uns Ludwig Permin versprochen – doch kein Boot, kein Fischer weit und breit zu sehen, so sehr wir auch aufs Wasser starren. Bis schließlich hinter uns ein Wagen mit Anhänger hält – Ludwig Permin, mit seinem Fischerboot auf dem Trailer: »Ich hab' heute früh schon vor Wieck gefischt, auf der Straße bin ich mit dem Boot einfach schneller.«

Mit geübten Handgriffen lässt Ludwig Permin sein kleines, offenes Arbeitsboot ins Wasser, drückt Heike ein Paar Gummistiefel in die Hand und schon gehts los. Noch während das Boot unterwegs zu seinen Reusen und Stellnetzen vor Zingst ist, will Heike schon wissen, was im Bodden überhaupt zu fangen ist. »Zander, Hering, Flundern, Barsche, Hecht und Aal«, fängt Ludwig Permin an zu erzählen und ehe wir uns versehen, sind die beiden schon mitten im Gespräch – trotz laufender Kameras. Heike taucht ihre Hand ins Wasser, leckt ab und konstatiert: »Leicht salzig – aber Süß- und Salzwasserfische aus dem selben Gewässer? Wie geht das?« Sie erfährt, dass besonders im Frühjahr viele Ostsee-fische zum Laichen durch die schmale Verbindung in den Bodden ziehen und ansonsten das brackige Boddenwasser den Süßwasserfischen überlassen. Hochsaison für die Fischer ist also die kalte Jahreszeit, wenn die Touristen zu Hause sind. Im Sommer dagegen ist es mitunter schwierig, genug Fisch anzulanden. Doch dank eines gut funktionierenden Austauschens mit den Kollegen, die auf der Ostseeseite von Darß, Zingst und Fischland arbeiten, kann Permin den Gästen in seinem Fischimbiss auch im Sommer immer frischen Fisch anbieten.

Dort lässt sich Heike auch gleich zeigen, wie der fangfrische Fisch filettiert und geräuchert wird. Seit mindestens fünf Generationen sind die Permins in Vorpommern als Fischer ansässig, bis auf einen Zweig der Familie, der vor rund hundert Jahren nach Dänemark auswanderte und dort heute noch auf Fangfahrt geht. Aber das ist eine andere Geschichte. Als alles abgedreht ist, will Heike noch wissen, und guckt Achim und mich dabei an, woher eigentlich das Vorurteil stammt, die Menschen an der Küste und ganz besonders die Fischer, seien wortkarg: »Tja«, lächelt Ludwig Permin verschmitzt, »wenn ich allein auf Fangfahrt bin, hab' ich ja nur meine Fische. Und die reden ja auch nicht viel …«.

So ist das mit den Vorurteilen: Wenn man einen Küstenbewohner, einen Fischer sogar, nett befragt und ihn bei seiner Arbeit begleitet, dann erzählt er einem auch etwas, ist weder wortkarg noch stur, sondern einfach nett und auskunftsfreudig.

Auch ein seltenes Bild: Fischer Permin mit weiblicher Begleitung an Bord!

Info

Ludwig Permin
Nordkaten 1, 18375 Wieck a. Darß

Frei unter Dänemarks Flagge: Die vorpommerschen Auswanderer

Wilhelm Permin, aus Wendisch-Langendorf nördlich von Stralsund, war 1881 einer der ersten Fischer, der sich ganz offiziell mit seinem Zeesboot in fremde Gewässer wagte. Der damals 25-jährige hatte die Nase voll von den stralsundischen Einschränkungen der Fischerei auf den zur Stadt gehörenden Gewässern. Zusammen mit dem 21-jährigen Albert Heitmann segelte er nach Dänemark – jeder mit seinem Schiff, den Zeesbooten »Wilhelmine« und »Bertha«. Das »Zeesen« war Ende des letzten Jahrhunderts mit das modernste, was die Fischereitechnik zu bieten hatte. Am 19. Juni 1881 machten die beiden Fischer in Stubbeköbing fest, beantragten und erhielten eine dänische Aufenthaltserlaubnis, um auch ganz offiziell im dänischen Gewässer fischen zu können. Zuvor allerdings mussten sie sich in Stralsund die »Entlassung aus der preußischen Staatsbürgerschaft« bescheinigen lassen. Obwohl sie anfangs von den dänischen Berufskollegen argwöhnisch beobachtet wurden, machten die Auswanderer in Dänemark Karriere – dank der Zeesboote vorpommerscher Bauart – brachten sie es zu Wohlstand und Ansehen. Das »Zeesen« wurde auch bei den dänischen Fischern populär. Die beiden Pioniere Permin und Heitmann lösten unter den vorpommerschen Fischern so etwas wie eine Auswandererwelle aus: Gut vier Dutzend Berufskollegen folgten ihrem Beispiel. Und dass die wenigsten in ihre Heimat zurückkehrten, lag offenbar an den besseren Fanggründen vor Dänemarks Küste. Oder war es doch eher der Charme der dänischen Mädchen?

Andreas Schönthier ist der einzige echte Fischer unter den Zeesbootseglern.

Regatta der Zeesboote: Der »Zander« hat die Nase vorn

Strahlender Sonnenschein, Musik, im kleinen Hafen von Bodstedt sind alle Liegeplätze belegt – von altmodisch anmutenden Holzbooten mit größtenteils braunen Segeln. Einmal im Jahr, am ersten Septemberwochenende, startet von hier aus die Regatta der Zeesboote. Rund achtzig dieser historischen Fischerboote unter Segeln sind noch erhalten – größtenteils von Enthusiasten liebevoll und originalgetreu restauriert. Wir haben uns mit Andreas Schönthier verabredet, dem einzigen hauptberuflichen Fischer unter den Zeesbootseglern. Doch zwei Stunden vorm Start hat er kaum Zeit für uns – schließlich will er seinem Ruf als heimlicher Favorit der Wettfahrt gerecht werden. Letzte Vorbereitungen an Bord, schnell noch zur Kapitänsbesprechung, dann könnten wir uns kurz abstimmen – und vertagen uns dann auf den nächsten Tag. So kurz vorm Start ist doch keine Zeit mehr für uns Fernsehleute. Trotz aller Routine – der sonst so gelassen wirkende Andreas Schönthier kann seine Anspannung kaum verbergen – denn es geht um seine Berufsehre. Als ge-

Das gibt es nur in Mecklenburg-Vorpommern: Eine Zeesbootregatta.

Foto: Tourismusverband Fischland – Darss – Zingst

standener Fischer will er sich bei der Wettfahrt nur ungern von einem Freizeitkapitän abhängen lassen. Und die Konkurrenz ist hart: So geht beispielsweise auch ein ehemaliger Finn-Dinghi-Meister der DDR mit seinem Zeesboot an den Start. Doch wenn einigermaßen Wind ist, rechnet sich Schönthier gute Chancen aus – seine »Sannert«, was soviel wie Zander heißt, ist kein Flautenschiff. Sie läuft bei einer kräftigen Brise am besten.

Seit 1965 treffen sich die Segler mit ihren Booten alljährlich vor Bodstedt. Damals überredete Eckehardt Ramin die wenigen verbliebenen Zeesbootfischer zu einer Regatta. Damit wollte Ramin versuchen, die Tradition der Zeesboote in irgendeiner Form weiter leben zu lassen. Denn mit dem zwangsweisen Zusammenschluss der Fischer zu einer Genossenschaft und dem Vordringen der bequemeren und effektiveren Motorboote drohte den letzten dieser Segler das Aus. 33 Zeesboote gab es noch 1946, 25 Jahre später waren es nur noch elf. Andreas Schönthier war schließlich der letzte Fischer, der mit seiner »Wus-7«, wie

seine »Sannert« damals offiziell hieß, noch bis Mitte der achtziger Jahre im Bodden auf Fangfahrt ging. Bis heute ist Eckehard Ramin der Organisator der Bodstedter Zeesbootregatta, die sich zu einem wahren Volksfest entwickelt hat. Mittlerweile veranstalten auch die anderen Orte rund um den Bodden den Sommer über Zeesbootregatten.

Am nächsten Nachmittag schließlich hat uns Andreas Schönthier zu einem Segeltörn mit seinem Zeesboot eingeladen. Wir sind in Wustrow am Anleger vor seinem Fischrestaurant verabredet. Mit Mühe finden alle Teamwagen noch einen Parkplatz, denn das vor zwei Jahren neu eröffnete Fischrestaurant »Räucherhaus« ist längst kein Geheimtipp mehr, sondern eine Institution in Wustrow. Die »Sannert« liegt segelklar am Steg, einen ersten Törn auf dem Bodden mit segelinteressierten Touristen haben Andreas Schönthier und sein Münsterländer »Tine« bereits hinter sich. Seine »Zeese« allerdings, wie das Grundschleppnetz heißt, lässt Schönthier zu Hause. Die packt er allenfalls nochmal für fischereihistorische Exkursionen aus, denn die Umrüstung auf Fischfang sei sehr zeitaufwendig. »Das Besondere beim ›Zeesen‹«, erklärt er und dabei werden seine Augen noch etwas leuchtender »ist, dass das Netz nicht hinter dem Schiff hergezogen wird, sondern quer zum Schiff eingesetzt wird, während das Zeesboot ebenfalls seitlich treibt. Wer zeest, muss sein Schiff schon mit sehr viel Gefühl steuern und beherrschen«.

Und das kann Andreas Schönthier perfekt – bei der Zeesbootregatta am Vortag briste es auf – und er konnte alle Freizeitkapitäne mal wieder hinter sich lassen.

Wilde Feste gibt es nicht nur in südlichen Ländern. Auch in Deutschlands Norden wird kräftig gefeiert, z. B. beim Tonnenfest.

Zeesbootregatten:
Wustrow: 1. Wochenende im Juli
Bodstedt: 1. Wochenende
             im September
Dierhagen: 2. Wochenende
             im September
Ahrenshoop: 3. Wochenende
             im September (»Althäger
             Fischerregatta«)

Fischrestaurant »Räucherhaus«
Andreas Schönthier
Althagen, Am Hafen
Telefon (03 82 20) 69 46
Das rustikal eingerichtete Restaurant mit einer großen Terrasse ist für seine hervorragende Küche bekannt – Spezialität des Hauses sind Fischgerichte.

Besonders toll ist natürlich das Angebot, mit einem fast 100jährigen Zweimastsegler auf Segeltour zu gehen!

Boddenrundfahrten per Motorschiff
Fahrgastbetrieb Kruse u. Voß GmbH
Hafenstraße 7, 18347 Wustrow
Telefon (03 82 20) 5 88
Telefax (03 82 20) 8 11 20

Reederei Rasche
18375 Born
Telefon (03 82 34) 2 10
Telefax (03 82 34) 30 99 03

Fahrgastschifffahrt Poschke GmbH
Pumpeneck 05, 18375 Born
Telefon (03 82 34) 2 39
Telefax (03 82 34) 3 01 39

Tonnenfest am Bodden: Drei Könige aus einer Tonne

Eine alte hölzerne Heringstonne steht einmal im Jahr im Mittelpunkt des wohl ältesten und deftigsten Volksfestes, das in den alten Fischerorten am Bodden gefeiert wird: das Tonnenfest. Festlich geschmückt, wird die Tonne hoch aufgehängt und schließlich von Reitern, bewaffnet mit stabilen Knüppeln, Stück für Stück im vollen Galopp zerschlagen. Der erste, der den Boden herausschlägt, wird »Bodenkönig«. Sind die »Stäben«, die Seitenbretter, restlos herausgeschlagen, wird der »Stäbenkönig« gekürt. »Tonnenkönig« wird schließlich, wer noch den letzten Rest

Das »Tonnenabschlagen« findet traditionell statt:
in Wustrow:	am 2. Sonntag im Juli,
in Prerow:	am 3. Sonntag im Juli
in Ahrenshoop:	am 3. Sonntag im Juli
in Klockenhagen:	am 4. Wochenende im Juli
in Born:	am 1. Sonntag im August
in Dierhagen:	am 2. Sonnabend im August

Nähere Informationen gibt es in den jeweiligen Kurverwaltungen.

der Tonne abschlägt – und das kann dauern. Währenddessen wird getrunken, gegessen und feste gefeiert.

Der Brauch, so heißt es, geht zurück auf die Schwedenzeit, als Vorpommern unter schwedischer Herrschaft stand. Damals mussten die Fischer jede zehnte Heringstonne ihrer Fänge als Zwangsabgabe abliefern. Als die Schweden 1815 aus Vorpommern abzogen, war Schluss mit den Abgaben. Aus Freude darüber und vielleicht auch aus Angst, die Schweden könnten wiederkommen, zerschlugen die Fischer damals die letzte, noch leere Tonne.

Info

Kurverwaltung Wustrow
Strandstraße 10, 18347 Wustrow
Telefon (03 82 20) 2 51
Telefax (03 82 20) 2 53
www.wild-east.de/firmen/baeder_mv/wustrow

Kur- und Tourismusbetrieb des Ostseebades Prerow
Gemeindeplatz 1
18375 Ostseebad Prerow
Telefon (03 82 33) 6 10-0
Telefax (03 82 33) 6 10-20
www.Prerow.de

Mal aufs Dach gestiegen!

Das traditionelle Reetdach: Ein Armutszeugnis macht Karriere

Dünen, Strandhafer und in den geschützten Mulden liegen malerische Reetdachhäuser – was heute so romantisch aussieht, ist »Ausdruck einer jahrhundertealten Armut« – lesen wir in einem Reiseführer. Reet gab es rund um den Bodden mehr als genug – und es war weitaus billiger als Dachziegel oder gar Schiefer. Heute ist aus der einstigen Not eine Tugend geworden: Für die meisten Neubauten ist die traditionelle Reetbedachung vorgeschrieben. Gunnar Petersen aus Michaelsdorf ist einer der Reetdachdecker vom Bodden. Wir sind mit ihm in Schlemmin verabredet, wo er gerade mit seinen drei Mitarbeitern eine ehemaliges Dorfschule deckt. Auftraggeber ist eine junge Familie, die sich in das alte Fachwerkgebäude verliebt hat und es zum Wohnhaus umbauen lässt.

Wir sind spät dran, hatten uns bei dem vorherigen Dreh ein wenig verplaudert. Das Dach ist fast fertig. Nur am Giebel ist noch was zu tun – in gut fünfzehn Metern Höhe. Also rauf aufs Dach – die Kamera-Kollegen vorweg, Gunnar Petersen und Heike hinterher. Erst beim Raufklettern über eine lange, wackelnde Aluleiter merken wir, wie hoch so ein Giebel sein kann. »Nur nicht runterschauen«, lautet die Devise. Oben auf dem Gerüst angekommen gibt es keine Verschnaufpause, gleich geht's weiter: hoch auf das so genannte Krüppelwalmdach, das sich über dem Giebel wölbt. Für Höhenangst bleibt keine Zeit, denn Gunnar Petersen legt gleich los. Seine Kollegen haben die Reetbündel schon vorbereitet, sie müssen jetzt nur noch »festgenäht« werden, wie der Reetdachdeckermeister erklärt. Mit

Erst ein Reetdach verhilft einem Bauernhaus zu einer richtigen Visitenkarte.

seinem »Häkelgeschirr«, einer langen gebogenen Metallstange mit einer Öse, zieht Gunnar Petersen einen Draht durch das Reetbündel durch, um ihn unter der Dachlatte durchzuziehen. Mit einer zweiten langen Nadel sticht er von der anderen Seite durch das Reet, um den Draht festzuhaken und wieder hoch zu ziehen. Dann verknotet er die beiden Drahtenden miteinander und bindet sie an dem über dem Reet verlaufenden »Schachtdraht« fest. So einfach also ist Reetdachdecken! Nach einigen Versuchen ist Heike auf dem besten Wege, in die Dachdeckerbranche zu wechseln. Die Feinarbeiten allerdings macht Gunnar Petersen dann doch lieber selbst, schließlich soll das Dach ein Leben lang halten. Alles ist so wie bei den alten Reetdächern, mal davon abgesehen, dass die Drähte heutzutage rostfrei sind.

Das Reet allerdings kommt nur noch zu einem kleinen Teil aus der Region. Die Rohrbündel, die Gunnar Petersen auf der alten Schule verarbeitet, stammen aus Polen. Denn nur noch an ganz wenigen Stellen ist die Rohrmahd in Deutschland erlaubt. Die Schilfernte ist so stark reglementiert, dass sie nicht einmal zum Erhalt der landschaftstypischen Rohrdachhäuser ausreichen würde.

Info

Gunnar Petersen
Dorfstraße 42, 18356 Michaelsdorf
Telefon (03 82 31) 42 73

Freilichtmuseum Klockenhagen
Mecklenburger Straße 57
18311 Klockenhagen
Telefon (0 38 21) 27 75
Telefax (0 38 21) 27 75
Öffnungszeiten:
April bis Oktober: täglich von
9.00–17.00 Uhr

Verein der Rohrdachbesitzer e.V.
Chausseestraße 9, 19375 Born a. Darß
Telefon (03 82 34) 4 64
Telefax (03 82 34) 3 01 76

Da fliegen sie – die echten Pommerngänse. Auf dem Boden und damit in aller Ruhe kann man sie auf dem Archehof Ludwig sehen.

Der Archehof Ludwig: Bei Pommerns Nutztieren zu Gast

Pommernschafe, Pommernenten, Pommerngänse – die Namen hatten uns neugierig gemacht, doch kaum jemand wusste, wo in der »Vorpommerschen Boddenlandschaft« solche Tiere noch zu Hause sind. Denn alle stehen auf der »Roten Liste« der vom Aussterben bedrohten Nutztierrassen. Für die moderne Landwirtschaft sind sie alle nicht leistungsfähig genug. Olaf Schnelle, Biokräuterspezialist vom Gutshof Boltenhagen, hat schließlich den entscheidenden Tipp: Keine drei Kilometer von ihm entfernt liegt im Trebeltal der »Natur- und Archehof Ludwig«.

Noch bevor wir überhaupt die Haustür erreicht haben, begrüßen uns freudig zwei wuschelige, quirlige Hunde, die so aussehen, als trügen sie ein Schaffell. Bei Marlis Ludwig finden wir sie alle, die pommerschen Schafe, Enten, Gänse, Ziegen, Kaninchen, Exmoorponies und auch die beiden verspielten Hunde gehören zu einer Rasse, die fast ausgestorben ist: Deutsche Schafpudel, die – vor allem in Nordostdeutschland – tatsächlich zum Schafehüten eingesetzt wurden. Mit dem Niedergang der Schäferei in Mecklenburg-Vorpommern nach der Wende verschwanden auch die Schafpudel. Am liebsten würde Heike so einen Hund gleich mitnehmen, doch bevor sie den Gedanken aussprechen kann, warnt Marlis Ludwig auch schon vor dem enormen Bewegungsdrang der Schafpudel: »Die wollen am liebsten den ganzen Tag unterwegs sein. Wenn die beiden nicht dauernd rennen können, werden sie todunglücklich!«

Als erstes zeigt sie uns ihre 56 »Rauwolligen Pommernschafe«, auf die sie besonders stolz ist. Schließlich ist sie als Jungzüchterin gerade für einen ihrer Schafböcke vom Züchterverband ausgezeichnet worden. Marlis Ludwig hat erst vor wenigen Jahren angefangen ihren Archehof auf- und auszubauen. Zurzeit beherbergt sie 20 verschiedene Rassen auf ihrem 65 Hektar großen Archehof, die allesamt in ihrem Bestand bedroht sind. Ihr Mann ist der örtliche Revierförster und sie hat den Ehrgeiz, möglichst vielen selten gewordenen Nutztieren ein Refugium zu bieten. Das ist längst mehr als ein Hobby. Denn obwohl die Tiere nicht mehr den Leistungsanforderungen einer unter hohem Kostendruck stehenden Landwirtschaft gewachsen sind, finden sich doch immer wieder Liebhaber, die bereit sind, beispielsweise für Ziegenkäse aus biologischem Anbau oder eine ökologisch gezogene pommersche Landgans einen angemessenen Preis zu zahlen. Neben der ökologischen Landwirtschaft – Marlis Ludwig ist Mitglied im anerkannten Anbauverband »Biopark« – bietet sie Besichtigungen, »Ferien auf dem Bauernhof« und einem speziellen »Kinderurlaub« an. Schließlich soll sich das Projekt zumindest selbst tragen, auch wenn sie lieber nicht daran denkt, mal auszurechnen, auf welchen Stundenlohn sie eigentlich kommt. Es geht schließlich um Tiere und da kann man nicht nur aufs Geld schauen.

Die »Rauwolligen Pommernschafe« sind äußerst robust und können das ganze Jahr über draußen bleiben. Sogar ihre Lämmer können sie im Schnee bekommen, erklärt Marlis Ludwig stolz. Selbst mit mageren Standorten oder Feuchtwiesen kommen die widerstandsfähigen Schafe gut klar. In den sechziger Jahren war die Rasse auf ganze 46 Exemplare zusammengeschrumpft. Denn das Pommernschaf kann zwar Wolle, Fleisch und Milch liefern, ist also ein so genanntes Drei-Nutzungstier, doch es ist von allem nicht genug, um mit speziellen Woll- Fleisch- oder Milchrassen konkurrieren zu

Gestatten? »Rauwollige Pommernschafe«. Wie die zu ihrem Namen kamen, weiß Marlis Ludwig.

können. Heute gibt es trotzdem bundesweit wieder rund 1000 Schafe dieser Rasse.

Auch die Pommerngänse und -enten unterscheiden sich nicht nur äußerlich von den heute üblichen Rassen. Diese ursprünglichen Rassen können das Brutgeschäft noch selbst besorgen. Ihr Ende ist allerdings genauso schlicht wie das der heutigen Rassen: Die meisten von ihnen landen spätestens Weihnachten im Backofen. Es fällt Marlis Ludwig sichtlich schwer, dieses profane Ende

Auf ihrem Archehof bietet Marlis Ludwig vielen seltenen und alten Nutztierrassen eine angemessene Unterkunft. Feriengäste sind übrigens auch gern gesehen!

vor laufender Kamera zu erklären, »aber«, meint sie schließlich, »wenn die sich immer nur vermehren, würden hier nur noch Enten und Gänse herumlaufen und das geht natürlich auch nicht.«

Der Archehof ist mittlerweile ein richtiger kleiner Tierpark für einheimische Tiere geworden, die es so früher auf fast jedem Bauernhof gegeben hat. Umso größer ist das Interesse heute: Wir brauchen fast eine halbe Stunde, bis wir unsere drei Kamera-Kollegen wieder für die Abfahrt eingesammelt haben. Alle sind fasziniert von den Tieren, entdecken immer wieder neue Perspektiven. Zum Schluss will Heike noch etwas Wolle der »Rauwolligen Pommernschafe« mitnehmen – doch rau fühlt die sich überhaupt nicht an. »Ursprünglich,« erzählt Marlis Ludwig, »nannte man sie »Grauwollige Schafe« – das »G« ist im Laufe der Zeit wohl irgendwie abhanden gekommen.«

Natürlich sind die wuscheligen Schafpudel ein echter Hingucker - auf dem Archehof sind sie aber als Gebrauchshunde an genau der richtigen Stelle. Denn ein Schafpudel hat einen ausgeprägten Hütetrieb, ist charakterfest und berechenbar. Tolle Eigenschaften, aber nicht für die Großstadt!

Dafür gehen die Rauwolligen Schafe mit der Zeit. Sie haben tatsächlich eine eigene Seite im Internet, *www.pommernschafe.de*! Da gibt es noch mehr Infos zur Geschichte und zu den Besonderheiten dieser alten Rasse.

Es fällt uns schwer, uns von dieser »Arche Noah« und der herzlichen Frau Ludwig zu verabschieden. Immer wieder erzählt sie spannende Geschichten von ihren Tieren und Plänen. Und übernachten könnten wir sogar mit der ganzen NDR-Crew: In ihren beiden Ferienwohnungen oder auch der Heuherberge sei schließlich Platz genug.

Info

Natur- und Archehof Ludwig
Forsthaus Stubbendorf
Marlis Ludwig
18513 Deyelsdorf
Telefon (03 83 34) 8 08 83
Telefax (03 83 34) 8 08 84
E-Mail: marlis-ludwig @gmx.de
www.natur-und-archehof.de

Der Natur- und Archehof Ludwig liegt in einer wundervollen Landschaft, dem Landschaftsschutzgebiet Trebeltal. Es gibt zwei gemütliche Ferienwohnungen. Haustiere (auch Pferde) können mitgebracht werden. Wasserfreunde können sich sogar beim Schlauchbootverleih einfinden.
Außerdem kann in der Heuherberge übernachtet werden oder auf dem Campingplatz. Unter pädogogischer Leitung (ohne Eltern!) können Kinder einen ganz speziellen »Kinderurlaub« machen. Mit einem umfangreichen Programm wie Reiten, Spielen und Lagerfeuer.
Für Öko-Bewusste bietet der Archehof natürlich auch etwas: Biofleisch, Wolle, Felle, Pullover, Socken und Bettnlets aus Wolle.
Das Trebeltal lädt darüber hinaus zu Rad- und Paddeltouren ein und es soll sogar Indianer hier geben!

Strukturförderverein »Trebeltal« e.V.
Vereinsst. 13, 18465 Stremlow
Telefon (03 83 20) 7 13-0
Telefax (03 83 20) 7 13-71
www.im-trebeltal.de

So herrlich lässt sich in Mecklenburg-Vorpommern der Tisch decken. Mit richtigen vorpommerschen Genüssen und dem guten Klaren aus dem Hause Dettmannsdorfer!

Landwirtschaftliche Gatterhaltung: Kimme und Korn müssen sein

Bevor es losgeht, hat Landwirt Stefan Schmidt schon eingeschenkt: Den »Original Dettmannsdorfer«, einen Weizenkorn mit 32 % vol. Alkohol. »Von uns selbst gemacht«, schwärmt er, »ein ganz Milder mit viel Geschmack. Prost!« Wer will da schon unhöflich sein und bei diesem zweiten Frühstück Nein sagen? »Gewachsen auf den Äckern zwischen Dettmannsdorf-Kölzow und Wöpkendorf, gereift unter der Sonne Mecklenburgs, im Eichenfass gelagert«, lesen wir auf dem Etikett und so schmeckt der Korn auch wirklich. »Wenn Sie wollen, kommen Sie gleich mit in die Brennerei, wir haben gerade den Kessel angeheizt …«, lädt Stefan Schmidt uns ein.

Doch eigentlich sind wir wegen seiner Damwildherde gekommen. Er ist in Mecklenburg-Vorpommern näm-

lich einer der Pioniere der so genannten »landwirtschaftlichen Gatterhaltung«.

Schon als Stefan Schmidt mit seinem Wagen am Gatter vorfährt, kommen ihm die im Wald sonst so scheuen Tiere entgegen. Doch heute ist etwas anders. Als der NDR-Konvoi hält, geht die Herde erst mal wieder auf Distanz. Wie soll man da drehen? Eigentlich wollten wir Heike und Stefan Schmidt beim Gespräch im Gatter, beim Füttern der Tiere, aufnehmen. Trotz vollgestopfter Taschen, gefüllt mit Kastanien, wollen die Tiere partout nicht näher kommen – angesichts dieses ungewohnten Pulks von Kameraleuten, -assistenten, Tonkollegen, Aufnahmeleiter, Maske, Regie wohl auch kein Wunder, wird uns schlagartig klar.

Noch während wir diskutieren, die Positionen wechseln, Alternativen überlegen, kommt bei den Tieren die Neugierde durch. Daran gewöhnt, dass es meistens am Gattertor von

Fast schon Haustiere: Damwild in Gatterhaltung.

Fremden irgendwelche Leckereien wie Brot oder Kastanien gibt, kommen die Tiere langsam näher. Das Damwild gehört übrigens zu den Hirscharten und ist schon von weitem an seinem Geweih zu erkennen, das nicht durch viele »Enden« auffällt, sondern durch großflächige »Schaufeln«. Das Damwild von Herrn Schmidt ist sogar ziemlich zahm. »Die Kinder aus dem Dorf bringen im Winter tonnenweise Kastanien, dann fressen die Tiere sogar aus der Hand,« erzählt Stefan Schmidt. Ganz so nah lassen sie uns zwar nicht rankommen, schließlich ist Herbst und auf dem 20 Hektar großen Gelände einer ehemaligen Obstplantage gibt es noch genug zu fressen. »Sind das denn nun schon Haustiere oder ist Damwild ›richtiges‹ Wild?«, will Heike wissen, während sie ihre Kastanien verteilt. Bis auf drei Meter lassen uns die Tiere jetzt ran, bleiben dabei aber sehr vorsichtig. »Es sind noch keine Haustiere,« stellt Stefan Schmidt klar, aber: »Die Jäger verwahren sich dagegen, wenn es heißt, das sei noch Wild. Deshalb achten wir bei der Vermarktung darauf, dass es nicht als Wildbret, sondern als Damwild-

fleisch verkauft wird.« Kein Sprung vors Auto, kein quälender Transport zu einem Schlachthof, sondern ein Tod wie bei den wild lebenden Artgenossen: Stefan Schmidt schießt gezielt auf Bestellung die ausgewachsenen, relativ jungen Tiere heraus. »So kann ich eine gleichbleibende Fleischqualität garantieren – anders als im Wald, wo ein Jäger nach ganz anderen Kriterien seine Ziele auswählt.« Angesichts der schönen Tiere wird Heike bei dem Gedanken an ihr Fleisch etwas mulmig: »Fällt Ihnen das nicht schwer, die Tiere, die sie hier aufgezogen haben, später dann abzuschießen?« – »Klar, da gebe ich Ihnen recht, das ist dann nicht einfach. Aber das ist bei jeder landwirtschaftlichen Tierhaltung so, dass am Ende der Tod des Tieres steht. Nur – und das ist das Entscheidende, es ist die Aufgabe des Bauern, es dann so stressarm und verträglich wie nur möglich zu tun. Und wenn wir sie nicht essen würden, gäbe es die meisten Nutztiere gar nicht. Sie leben, weil der Mensch sie isst.«

Tiergerechtigkeit ist für Stefan Schmidt nicht bloß ein Schlagwort. Auch seine Schweine laufen in Gruppen in großen Buchten auf frischem Stroh, in denen selbst für 50-Meter-

»Original Dettmannsdorfer, im nahen Richtenberg abgefüllt? Da sage ich nicht Nein!«

Sprints Platz genug ist. Sein Stall bietet alles, was ein Schwein braucht, um glücklich zu sein: Von der Suhle, in der sich die Schweine besonders im Sommer mit größtem Behagen wälzen, bis hin zur guten Belüftung im Licht durchfluteten Stall. Unseren Besuch finden die Schweine großartig: Während Stefan Schmidt Heike die Feinheiten der Schweinehaltung erklärt, fangen die Tiere an mit uns zu spielen: Bleibt ein Kameramann stehen, wird er in die Gummistiefel gezwackt.

Nun aber in die Brennerei, solange dort noch etwas zu sehen ist. Das über hundert Jahre alte Gebäude hat Stefan Schmidt zusammen mit seinem Berufskollegen Herrn Horn gleich nach der Wende von der Treuhand gekauft und die Anlagen mit viel Geld modernisiert. »Wir als Bauern trinken nicht nur gern Korn, sondern verarbeiten auch gern unser Getreide selbst.« Die eigene Schnapsherstellung bedeutet natürlich auch ein Stück mehr Unabhängigkeit vom Auf und Ab der Getreidepreise. Verkauft wird der selbst gebrannte Weizenkorn, den die beiden im nah gelegenen Richtenberg in Flaschen abfüllen lassen, »rund um den Kirchturm« und er findet sich auch auf den Karten der meisten Restaurants und Kneipen der Umgebung.

Info

Stefan Schmidt
Marlower Straße 7, 18334 Wöpkendorf
Telefon (03 82 28) 2 54 und 2 38

Tipp: Wie wäre es mit einem Abstecher nach Bad Sülze, dem ältesten Sol- und Moorbad im Norden Deutschlands? Die »Dahlienblüte« von Juli bis Oktober wird Pflanzenliebhaber begeistern. (2. Wochenende im September Dahlienfest).

Nationalparkamt Born: Jagdglück für Frühaufsteher

Dass Bauern früh aufstehen, daran haben wir uns im Laufe der Dreharbeiten gewöhnt – aber dass der Wecker um vier Uhr morgens klingelt, das ist auch für die Landpartie-Teams ungewöhnlich. Es ist noch stockfinster, draußen prasselt der Regen. Lohnt es sich überhaupt, bei so einem Wetter loszufahren? Doch zum Abblasen der Aktion ist es zu spät. Siegfried Brosowski, der Leiter des Nationalparkamtes, ist um diese Zeit wahrscheinlich schon längst im Wald unterwegs. Zu dritt ziehen wir also los, die anderen Kollegen schlafen sanft und selig in ihren warmen Betten. Unterwegs im Teamwagen reden wir kaum. Alle verfluchen innerlich, bilde ich mir jedenfalls ein, mich als Initiator dieser Aktion. Dabei hatte ich mir alles so schön vorgestellt:

Morgendunst, fahles Sonnenlicht, aus dem Wald wechseln ein paar brünftige Hirsche auf die Lichtung; der Seeadler kreist, schlägt ein Kaninchen und die Rehlein äsen, wenige Schritte von einer Rotte Wildschweinen entfernt, friedlich vor unserer Kamera. So jedenfalls hatte uns Siegfried Brosowski die allmorgend-

Auf diesen Anblick musste das NDR-Team lange warten!

Die Frühaufsteher: Siegfried Brosowski und Heike Götz-Hoeber vor der NDR-Kamera.

liche Szenerie in leuchtenden Farben beschrieben.

Auf der Fahrt zum Nationalparkamt in Born auf dem Darß kommen mir da leise Zweifel – passionierte Jäger sind ja für ihre absolut wahrheitsgetreuen Geschichten berüchtigt. Und immer noch ist die Nacht rabenschwarz, immer noch prasselt der Regen. Wie die begossenen Pudel werden wir fluchend durch das Unterholz krauchen … um eine Teamrunde an der Hotelbar werde ich heute Abend wohl nicht herum kommen.

Siegfried Brosowski erwartet uns schon, lässt sich von dem Regen und der frühen Stunde überhaupt nicht die Stimmung vermiesen. Fröhlich dirigiert er unseren Teamwagen auf verschlungenen Wegen durch den dunklen Wald. Ausnahmsweise dürfen wir, nach vorheriger Anmeldung und mit einer schriftlichen Genehmigung, den Nationalpark mit dem Wagen befahren. Autos sind hier normalerweise tabu. Irgendwo in der Dunkelheit halten wir schließlich. Schnell und leise stellen wir die Ausrüstung zusammen und folgen ihm zu Fuß. Zumindest Siegfried Brosowski ist noch optimistisch, dass

wir irgendetwas drehen können. Zu Fuß unterwegs konzentrieren wir uns auf die merkwürdigsten Geräusche, nehmen den intensiven Waldgeruch wahr. Unsere frühmorgendliche Verstimmung weicht allmählich einer steigenden Spannung.

Plötzlich stehen wir vor einem Hochsitz, quetschen uns und vor allem die Kamera mit einem Spezialobjektiv oben auf die Plattform. Langsam beginnt es zu dämmern. Keiner spricht oder flüstert mehr. Von fern her hören wir röhrende Rufe, die mal näher, mal weiter entfernt klingen. Immer deutlicher erkennen wir jetzt die Umrisse einer großen Lichtung mitten im Wald. Mit aufkommender Helligkeit lässt der Regen langsam nach. In Abständen lösen sich zwei, drei Schatten aus dem Wald, bewegen sich gemessenen Schrittes auf die Lichtung. »Fahr' ab!«, flüstere ich, aber die Kamera läuft schon. Mit dem Fernglas erkenne ich, was unser Kameramann durchs Teleobjektiv längst gesehen hat: Drei Hirsche, die sich gegenseitig anröhren. Siegfried Brosowski zeigt nach links: Eine weitere Gruppe kommt und: »Da vorn,« flüstert er, »die dunklen Flecken da, schauen Sie mal!« Was aussieht wie Findlinge, bewegt sich und frisst – Wild-

Das ist ein richtiger röhrender Hirsch – ein Bild, das früher in keinem deutschen Wohnzimmer fehlte.

Langsam zieht das Darßer Wild über die Lichtung und auf dem Hochsitz herrscht atemlose Stille. Für solche Erlebnisse muss man eben früh aus den Federn.

schweine. Inzwischen zählen wir gut zwanzig Hirsche auf der Lichtung, sie scheinen von überall her zu kommen. Nur der Adler lässt auf sich warten. Jägerlatein? Die ausgeschlafenen Kollegen, die später zum Nationalparkamt in Born nachkommen, bleiben skeptisch, als wir begeistert von unserem Ausflug erzählen. Doch es ist alles wahr – wir können es mit unseren Bildern belegen.

Der gesamte Nationalpark Vorpommersche Boddenlandschaft liegt direkt an der Ostseeküste: vom Darß über Zingst, die vorgelagerten kleineren und größeren Inseln bis hin zur Westküste Rügens. Der Nationalpark bietet Schutz und sichert die Erhaltung der einzigartigen Küsten- und Boddenlandschaft mit ihren Dünen, Nehrungen, Küstenseen, Windwatten und Salzgrasinseln, ihrer typischen Tier- und Pflanzenwelt, den Steil- und Flachküsten mit natürlicher Dynamik, den naturnahen Waldbeständen und dem größten Kranichrastplatz Mitteleuropas. Außerdem hält das Nationalparkamt Vorpommersche Boddenlandschaft auch etwas für bewusste Esser bereit!

Der Parkplatz ist voll – der Verkaufsraum auf dem Gelände der Nationalparkverwaltung ist geöffnet. Denn trotz aller Schutzbestimmungen gilt: »Der Wildbestand muss auch im Nationalpark reguliert werden. Der natürliche Tod eines Wildtieres kann ja nicht der Sprung vors Auto sein,« meint Siegfried Brosowski zu uns fast entschuldigend. Trotz aller Geschwindigkeitsbeschränkungen kommt es auf der einzigen Verbindungsstraße auf dem Darß immer wieder zu Wildunfällen, besonders in der Dämmerung. Im Laden stehen die Menschen Schlange, doch ungeduldig ist keiner. Denn hinter dem Tresen bedient Frau Brosowski, deren gute Laune sich auf die Kunden überträgt. Mittendrin Heike und die Kameras. Urlauber, Einheimische, Stammkunden und Erstbesucher – alle haben den unscheinbaren Weg am Ortseingang von Born in den Wald gefunden, wollen sich mit Wildfleisch eindecken. Rehrücken, Hirschkeule, Wildschweinbraten oder auch Wildjagdwurst, Wildteewurst, Bockwurst, Bratwurst, Knacker – nicht nur Heike ist erstaunt, als Frau Brosowski ihr das vielfältige Angebot zeigt. Und der Geschmack! Frischer und aromatischer kann Wild wohl kaum sein.

Frau Brosowski ist nicht etwa Mitarbeiterin der Nationalparkverwaltung wie ihr Mann, sondern sie verkauft für die Wildschlachterei Jenß, die das Darßer Wild verarbeitet und vermarktet.

Klar, das wollen wir schon genauer sehen, wo und wie all diese Spezialitäten hergestellt werden. In Ribnitz-Damgarten platzen wir mitten in die tägliche Fleischbeschau. Denn auch für Wild gelten strenge Hygiene-Vorschriften. Doch bevor wir überhaupt 'reinkommen dürfen, muss sich das ganze Team umziehen: Weiße Mützen, weiße Kittel, Überzieher für die Schuhe. Auch wer von uns nicht im Bild ist, darf sich verkleiden. Mit den über zehn Kilo schweren Kameras auf der Schulter kommen die Kamera-Kollegen unter den Plastik-Kitteln ganz schön ins Schwitzen. Aber Herr Schnabel, der verantwortliche Veterinär, lässt da keine Ausnahmen zu. »Vorschrift ist Vorschrift!« Gewissenhaft untersucht er die Schlachtkörper, während Heike sich alles genau erklären lässt. Es ist die zweite Beschau. »Bevor das Wild überhaupt angeliefert wird«, sagt der Veterinär, »findet in den Kühlzellen der Wildsammelstellen eine erste Untersuchung auf Schweinepest oder Parasiten statt. Erst wenn auch die zweite Untersuchung keine Beanstandungen ergeben hat, darf mit der Verarbeitung begonnen werden.«

Nebenan ist Olaf Stellmacher schon beim Wurstmachen – die »Knacker« stehen auf dem Programm. Fleisch vom Wildschwein, Hirsch, ein kleiner Teil vom Hausschwein und natürlich Gewürze – alles zusammen kommt in den Naturdarm von Hausschweinen. Im »Heißrauch« schließlich müssen die Würstchen weit auseinander hängen, damit der Rauch gut durchziehen kann und die »Knacker« auch richtig knackig werden. In den Kaltrauch, eine Räucherkammer weiter, kommen Hirschsalami, Wildschweinschinken, Hirschschinken, Wildleberwurst. Immer wieder geht der Probierteller rum und uns läuft auch nach der siebten Wurst- oder Schinkenspezialität noch das Wasser im Munde zusammen. Als wenn es noch einer Belohnung bedurft hätte, sind auch die Frühaufsteher mit dem Tag versöhnt.

Wurstspezialitäten aus der Schlachterei Jenß - bei dem Anblick wundert es keinen, dass die Kunden selbst weite Wege in Kauf nehmen.

Info

Nationalparkamt Vorpommersche Boddenlandschaft
Im Forst 5, 18375 Born
Telefon (03 82 34) 5 02-0
Telefax (03 82 34) 5 02-24
E-Mail:
Nationalparkamt-Born@t-online.de
www.nationalpark-vorpommersche-boddenlandschaft.de

Führungen durch den Wald, Wildbeobachtung
Wanderwege, Infotafeln, Aussichtspunkte. Der Nationalpark kann in weiten Teilen individuell oder auf geführten Wanderungen erlebt werden. Öffentliche Aushänge beachten!

Wildverkauf am Forstamt Born
Im Forst 5, 18375 Born

Jenß Wildhandel GmbH & Co. KG
Richtenberger Straße 31
18311 Ribnitz-Damgarten
Telefon (0 38 21) 71 17-0

Von Ribnitz-Damgarten aus ist es nicht weit zum Freilichtmuseum Klockenhagen, wo u.a. die letzte, noch erhaltene Bockwindmühle Vorpommerns zu sehen ist.

Freilichtmuseum Klockenhagen
Mecklenburger Straße 57
18311 Klockenhagen
Telefon (0 38 21) 27 75
Telefax (0 38 21) 27 75
Öffnungszeiten: April bis Oktober täglich 9.00–17.00 Uhr.

Olaf Schnelle und Ralf Hiener (re.) schicken Frauen ins Grüne: Sieben Damen suchen für die beiden Jungunternehmer die vorpommerschen Wiesen nach Kräutern ab.

Die »Essbare Landschaften GmbH«:
Wie man mit Unkräutern Geld verdient

Wir haben uns in einem wunderbar verwunschenen Schlosspark verabredet. Seit Jahren, wenn nicht seit Jahrzehnten, ist die Anlage offensichtlich sich selbst überlassen.

Auf den ersten und auch auf den zweiten Blick ist alles total verunkrautet. Für Olaf Schnelle ist so ein verwilderter Schlosspark im Wortsinn ein »gefundenes Fressen«. Während er sammelnd durch den Schlosspark zieht, erklärt er seine Funde: »Wiesenkerbel, Spitzwegerich oder auch junger Giersch sind Delikatessen.« Auch wenn Olaf Schnelle zugibt, dass Giersch für den klassischen Gärtner eher ein Ärgernis ist. »Der breitet sich im Garten gnadenlos aus. Doch ganz jung geerntet schmeckt Giersch nach Petersilie und Möhre und wird genau so

auch für Salate verwendet.« Staunend probiert Heike, kommt so langsam selbst auf den Geschmack. »Hier, der Spitzwegerich – ganz jung einfach roh essen oder, wenn er größer ist, ein tolles Kuchengewürz.« Olaf Schnelles Begeisterung steckt an – bald kaut das halbe Team auf den vermeintlichen Unkräutern.

Kräuter sind für Olaf Schnelle seit jeher die große Leidenschaft, trotzdem hat er zunächst in Erfurt ein Mathematik- und Physikstudium begonnen. Auf dem Weg zu seinem Garten, wo er uns weitere Spezialitäten zeigen will, erzählt uns der gebürtige Erfurter, warum er ausgerechnet in einem abgelegenen Dörfchen im Vorpommerschen Kräuter sammeln und vermarkten will. Statt das Studium zu vollenden sei er Hilfsgärtner geworden und hätte – nach den Gepflogenheiten der DDR – eigentlich nie wieder studieren dürfen. Nach einer Gartenbaulehre wollte ihn aber der Direktor einer

Gartenbaufachhochschule als Lehrer gewinnen und setzte sich so für ihn ein, dass er doch noch Gartenbau in Berlin studieren durfte, wo er nach der Wende sein Examen machte.

Schon rollt unser Konvoi im kleinen Örtchen Dorow ein. In einem kleinen reetgedeckten Häuschen ist Olaf Schnelle seit 1997 mit seiner Frau und zwei Kindern zu Hause. »Uns zog es schon immer in den Norden und als wir dieses Haus zufällig fanden, war ich mir mit meiner Frau sofort einig, dass wir hier einziehen würden. Das Haus, der Garten, die Umgebung – alles ist hier so friedlich und harmonisch, dass wir gar nicht anders konnten,« erzählt er begeistert. »Alle anderen Fragen wie

Olaf Schnelle lässt seine Kunden zur Ruhe kommen: Auch Baldrian ist im Angebot!

Foto: ©Anne Freidanck

Arbeit oder die Umschulung der Kinder waren da erst mal zweitrangig. Hier haben wir schon so etwas wie ein kleines Paradies gefunden.«

Im Garten blüht alles – von Kräutern ist auf den ersten Blick nichts zu sehen. Doch gerade auf die Blüten kommt es Olaf Schnelle an. Bergminze, Ochsenzunge, »Jungfer im Grünen«: All diese Pflanzen haben nicht nur schöne, sondern auch schmackhafte Blüten. Während Heike noch frisch vom Stängel probiert, bereitet Olaf Schnelle den täglichen Versand vor. Seine Kunden, hauptsächlich ambitionierte Restaurants und Hotels, wollen schließlich pünktlich beliefert werden. Gewaschen, abgetrocknet und verpackt – in einer halben Stunde soll der Paketdienst kommen. Ganz individuell stellt Olaf Schnelle die Lieferungen zusammen. »Momentan gehen besonders die essbaren Blüten gut.« Leben könne er zurzeit von dem gerade begonnenen Geschäft nur den Sommer über. Mit Hilfe einer geplanten Verarbeitungsstrecke soll sich das aber demnächst ändern.

Und dann passierte etwas, dass das Landpartie-Team besonders freut: Kurze Zeit nach unserer Sendung meldete sich das Arbeitsamt bei Olaf Schnelle. Beeindruckt von der Geschäftsidee, von der sie durch die »Landpartie« erfahren hatten, machten ihm die hohen Herren ein Angebot: Um beim Aufbau seines arbeitsintensiven Kräuteranbaus und -versandes zu helfen, könne er Leute einstellen. An den Kosten werde sich das Amt beteiligen. Gemeinsam mit einem Partner, dem renommierten Koch Ralf Hiener, gründete Olaf Schnelle daraufhin die »Essbare Landschaften GmbH«. Der neue Betrieb zog in das nah gelegene Gutshaus Boltenhagen bei Grimmen um, bewirtschaftet nun fünf Hektar Land und beliefert Gourmetrestaurants wie die »Käferschenke« in München, das »Taschenbergpalais« in Dresden oder das »Ritz-Carlton« in Berlin und – das macht uns besonders stolz – beschäftigt acht Mitarbeiter. Und biologisch wirtschaftet Olaf Schnelle sowieso – nach den strengen Richtlinien des BIOLAND-Verbandes.

Info

Essbare Landschaften GmbH
Olaf Schnelle
Gutshaus Boltenhagen
18516 Süderholz
Telefon (03 83 26) 4 63 35
Telefax (03 83 26) 4 63 37
E-Mail: info@essbare Landschaften.de
www.essbarelandschaften.de

Der »Bio-Mann«: Ökologisches Eis mit echtem DDR-Löffel

»Die gibt es noch?!« Heike ist völlig überrascht und will den kleinen Plaste-Eislöffel, wie es auf DDR-Deutsch hieß, gar nicht mehr weg legen. Ganz klein steht auf dem Stiel »Heike« geprägt. »Die haben wir schon als Kinder gesammelt – jeder von uns hatte ›seinen‹ Eislöffel,« schwelgt sie in Erinnerungen. Kistenweise hat Fritz Schumann noch die alten Namenslöffel aus DDR-Produktion im Lager. Denn schon Anfang der achtziger Jahre hat er zusammen mit seiner Frau eine kleine Eisdiele in Zingst eröffnet – als Privatbetrieb. Heute ist er Chef der ersten Bio-Eisfabrik Deutschlands.

Fritz Schumann, der »Bio-Mann«, freut sich, die Überraschung ist gelungen. Jeder im Team sucht jetzt nach dem »richtigen« Löffel mit dem eigenen Vornamen. Denn vor Dreh-

beginn in der Eisfabrik in Barth sollen wir erst mal schmecken, worum es eigentlich geht. Um es kurz zu machen, auch nach der dritten Portion fällt es einigen Kollegen schwer, Nein zu sagen …

Rohmilch, Sahne, Butter, natürlich die Früchte und auch alle anderen Zutaten stammen komplett aus ökologischem Anbau, größtenteils von umliegenden Bauernhöfen des »Biopark«-Verbandes, erzählt uns Fritz Schumann. Bevor wir in den Verarbeitungsbereich gehen, müssen sich mal wieder alle weiße Kittel anziehen – die strengen Hygiene-Vorschriften … Es läuft gerade die Abfüllung in Eisbecher. Alle Maschinen sind fast nagelneu, vom Eis ist erst bei der Abfüllung in die Becher etwas zu sehen. Vanille, Schoko, Erdbeer, Kirsch und Joghurt – es sind vor allem die Klassiker unter den Eissorten, die am besten verkauft werden. Doch obwohl die Produktion weitgehend automatisiert ist, beschäftigt Fritz Schumann 20 Mitarbeiter.

Damit der Laden das ganze Jahr über rund läuft, gehören auch Bio-

Ganz in weiß: Fritz Schumann, der »Bio-Mann« macht aus Rohmilch, Sahne, Butter und Früchten leckeres Eis. Nur echt mit dem kleinen »Plaste«-Eislöffel.

Torten zum Sortiment. »Im Sommer verlangen die Kunden überwiegend Eis – aber ich will ja meine Leute auch im Winter beschäftigen, dann verkaufen wir mehr Torten,« erklärt Fritz Schumann sein Konzept. Dass Bio-Torte nicht zwangsläufig aus grobkörnigem, trockenen Teig mit Müsli-Einlage bestehen muss, kann Heike gleich vor laufender Kamera zeigen. Fruchtig-sahnig und trotzdem Bio – zum Abnehmen oder gar Abgewöhnen sind diese Apparate mit Sicherheit nicht geeignet. Tief gefroren verkauft Fritz Schuman die Torten, wie auch das Eis, hauptsächlich über einige Supermarktketten und den Bio-Großhandel. »Apfel-Sahne«, »Waldfrucht-Sahne« oder, die soll besonders gesund sein, »Sanddorn-Sahne-Torte« – nach diesem Dreh hat der Aufnahmeleiter ein leichtes Spiel, als die Mittagspause mal wieder etwas kürzer ausfallen soll.

Info

Schumann Eis und Tiefkühlkost GmbH & Co. KG
Am Betonwerk 6, 18356 Barth
Telefon (03 82 31) 8 12 44
Telefax (03 82 31) 8 13 99

Hotel Haferland: Traditionelle Küche unkonventionell interpretiert

Fischer Ludwig Permin muss nur mal um die Ecke gehen, um seinen Fisch an das Hotel Haferland zu liefern und auch die anderen Lieferanten von Wild, frischem Gemüse oder Kräutern haben hier keine sehr weiten Wege. Vielleicht auch deshalb gibt es, guckt man in die einschlägigen Restaurantführer, in dieser Region eine Vielzahl hervorragender Restaurants, die die regionale Küche pflegen. Das neu gebaute, natürlich reetgedeckte Hotel liegt in Wieck auf dem Darß direkt am Bodden, vor einer kleinen modernen Sporthafenanlage, in der überwiegend die traditionellen Zeesboote liegen.

Marcus Schrage ist, als wir dort drehen, Chefkoch im »Hotel Haferland« und hat für Heike ein »Landpartiegericht« mit möglichst vielen Zutaten der Region komponiert. Sie darf »du« zu ihm sagen, muss dafür aber beim Kochen vor laufender Kamera mit anpacken. Frischer Hecht kombiniert mit einer Wildkräutersauce, Kürbisgemüse und Kartöffel-

Auch beim Hotel Haferland setzt man auf Tradition – Reetdach inclusive.

Frischer Hecht mit einer Wildkräutersauce, Kürbisgemüse und Kartöffelchen

Zutaten (pro Portion)

Hechtschnitte: *Hechtfilet (200 g), etwas Zitrone, Salz*

Kürbisgemüse: *Kürbis (150 g), Butter (10 g), Schalotten (1 St.), Wildschinken (30 g)*

Wildkräutersauce: *Fischfond (200 ml), Sahne (100 ml), 1/2 Schalotte, Ölrauke, wilder Senf, Brunnenkresse (o. ä.)*

Kartöffelchen: *Kartoffeln, klein (200 g), Butter (10 g), Salz*

Zubereitung

Gebratene Hechtschnitte:
Hechtfilet vom Fischer in Portionsgröße schneiden lassen und den gesäuberten Hecht säuern und salzen. Hechtfilet mehlieren und beidseitig braten.

Kürbisgemüse:
Schalottenwürfel in der Butter anschwitzen. Blanchierten und gewürfelten Kürbis sowie gewürfelten Wildschinken zugeben. Abschmecken

Wildkräutersauce:
Fischfond mit Sahne auf ca. 100 ml einkochen. Geputzte und gehackte Wildkräuter in Butter mit den Schalotten anschwitzen und eingekochte Fischsauce dazu geben.

Kartöffelchen:
Vom Bauern kleine Kartoffeln raussuchen lassen. Kartoffeln in der Schale kochen, pellen und mit etwas Butter braten, salzen.

Guten Appetit!

chen – eine Ableitung des traditionellen »Spickhechts«. »Solche Abwandlungen alter Rezepte sind bei den Gästen sehr beliebt,« erzählt Schrage. »Also, früher zum Beispiel, da hat man den Kürbis nur eingeweckt und später zu irgendeinem Braten serviert. Wir wecken den Kürbis mal nicht ein, lassen ihm seinem Geschmack, unterstützen ihn mit Zwiebeln und Wildschinken und geben ihm zum Fisch. Das ist eher unkonventionell, aber man kann diese Sachen sehr gut kombinieren. Das schmeckt auch sehr gut.« Die Begeisterung des Kochs steckt an und der Duft erst! Uns läuft beim Drehen das Wasser im Munde zusammen, aber abschmecken darf natürlich nur der Chefkoch.

Info

Hotel »Haferland« GmbH
Bauernreihe, 18375 Wieck/Darß
Telefon (03 82 33) 6 80
Telefax (03 82 33) 6 82 20
E-Mail: info@HotelHaferland.de
www.hotelhaferland.de/index.htm

Die abwechslungsreiche Landschaft der Halbinsel Fischland-Darß-Zingst bietet viele Möglichkeiten für den aktiven Urlaub: Reiten, Segeln, Paddeln, Radeln – was das Herz begehrt: in dieser Landschaft ist es möglich. Und wer sich nur ausruhen will, der ist hier auch richtig.

Und das ist das Traumschiff für Kühe – Landausflug inklusive!

Landwirtschaft im Nationalpark: Wo Kühe auf Kreuzfahrt gehen

Es ist wieder einer dieser wunderschönen Herbstmorgen, strahlender Sonnenschein, alles erscheint in kräftigen Farben und das Grün ist noch nass vom Tau. Weit ab von den üblichen Straßen sind wir mit Heike und ihrem Fahrrad unterwegs, um ein wenig von dieser einzigartigen Kulturlandschaft aufzunehmen. Uns wird sofort klar – die schönsten Motive der »Vorpommerschen Boddenlandschaft« lassen sich ganz schnell jenseits der Autostraßen finden. Kilometerlange Rad- und Wanderwege durch unberührt erscheinende Wälder, an einsamen Stränden entlang oder quer durch idyllische Weiden, die zum Verweilen einladen. Und überall schimmert das Wasser durch. Hier Rind sein und einfach den ganzen Tag fressen und gemütlich in der Sonne dösen …!

Aber wir haben ja unser Programm und sind noch mit Karl-Heinz Daetz, dem Geschäftsführer der »Agrargesellschaft Zingst« verabredet. »Tja,« meint er, »unseren Bio-Kühen geht's wirklich gut. Und zweimal im Jahr schicken wir einige von ihnen auf Kreuzfahrt, schließlich braucht auch ein Rindvieh mal Urlaub!« – und lädt uns ein, einfach mitzukommen. Das »Kreuzfahrtschiff« ist zwar nur rund 15 Meter lang und bietet wenigen Dutzend Rindern Platz, aber immerhin. Ausgerüstet mit Gummistiefeln und den ältesten Klamotten gehen auch wir an Bord und setzen mit Herrn Daetz über auf die Insel Kirr, einer 360 Hektar großen Insel im Bodden, direkt vor Zingst gelegen.

Hoch zu Ross treiben die »Cowboys« der Agrargesellschaft Zingst die Rinder zum provisorischen Fähranleger der Insel. Es ist Viehabtrieb von der Kirr. Hier leben in den Sommermonaten rund 500 Rinder und fressen für den Vogelschutz. »Denn die vielen seltenen Wiesenvögel, die hier im Nationalpark brüten, brauchen eine von den Rindern kurz gefressene Grasnarbe. Die müssen ihren Feind kommen sehen, wenn sie auf dem Nest sitzen!«, erklärt Karl-Heinz Daetz das Zusammenspiel von Landwirtschaft und Naturschutz. »Gerade dieses ungedüngte Gras macht das Fleisch so gehaltvoll und gesund.« Für Karl-Heinz Daetz sind Landwirtschaft und Naturschutz kein Widerspruch. Insgesamt bewirtschaftet die Agrargesellschaft Zingst am Bodden knapp 4000 Hektar Grünland im ökologischen Landbau und ist Mitglied des anerkannten Ökokontollverbandes »Biopark«.

Im pieksauberen Hofladen der Agrargesellschaft in Born zeigt uns Karl-Heinz Daetz das Frischfleischangebot des Bio-Betriebes. Stolz ist er besonders auf das zartrosa Kalbfleisch. »Leider hat es sich noch nicht herumgesprochen, dass weißes Kalbfleisch immer aus Intensivhaltung stammt. Unsere dagegen laufen die ganze Zeit draußen mit ihrer Mutter herum, kriegen Sonne, Luft und frisches Wiesengras.« Den allergrößten Teil des Fleisches vermarktet die Agrargesellschaft Zingst nicht im Hofladen, sondern unter dem Namen »Weidehof e. V.« über renommierte Handelsketten wie die EDEKA oder Tengelmann.

Die außergewöhnliche Zartheit des Fleisches, der ausgeprägte Geschmack, das ausgewogene Fett-Fleischverhältnis und die optimale Marmorierung werden auch von den Köchen der umliegenden Restaurants gelobt. Die wichtigste Anerkennung für den Bio-Betrieb ist allerdings die langjährige Zusammenarbeit mit dem Babykosthersteller Hipp, der an seine Lieferanten noch sehr viel strengere Qualitätsanforderungen stellt, als jeder Bioverband und beispielsweise äußerst penible Rückstandskontrollen macht.

Ob sumpfiger Untergrund oder rutschiger Baumstamm. Dem NDR-Team ist kein Weg zu schwierig, um für die Zuschauer eindrucksvolle Bilder einzufangen.

Info

Agrargesellschaft Zingst mbH & Co. KG
Landschaftspflegebetrieb auf dem Darß
Am Wald 9, 18375 Born
Telefon (03 82 34) 50 60
E-Mail:
agrargesellschaft_zingst@t-online.de

Hofladen in Born Öffnungszeiten:
Mo–Fr 10.00–18.00 Uhr
Sa 9.00–13.00 Uhr

Weidehof e.V.
www.weidehof.de

Foto: Agrargesellschaft Zingst

Appetitlich angerichtet und direkt aus heimischen Landen wird von der Agrargesellschaft Zingst dem Käufer nur das Beste angeboten.

Foto: ©Günter Nowald

So schön ist ein Kranich – übrigens auch das Symbol der »Lufthansa«.

Kraniche: Die heimlichen Stars Vorpommerns

Wir haben uns in den letzten Tagen schon immer über sie gewundert: Die Menschen, die am Rande der Straßen ihre Autos parken und mit Ferngläsern auf die abgemähten Maisfelder gucken. Erst als wir uns etwas mehr Zeit nehmen, entdecken wir sie dann auch: Kraniche, die in großen und kleineren Gruppen auf den Feldern die letzten Maiskörner picken. Und spätestens, als wir in der Abendstimmung an der Boddenbrücke zwischen Barth und Zingst riesige Schwärme ziehen sehen, wird klar

– die Kranichsaison nähert sich ihrem Höhepunkt. Zehntausende Kraniche aus Skandinavien, Russland und dem Baltikum rasten für etliche Wochen am Bodden und stärken sich hier für den Weg nach Süden.

Wir verabreden uns mit Günter Nowald, dem Leiter des Kranich-Informationszentrums in Groß Mohrdorf. Er soll die besten Aussichtspunkte kennen und uns in der umfassenden Ausstellung alles über Kraniche erzählen und zeigen können.

Doch am schönsten sind die Kraniche natürlich »live«. Gleich in der Nähe führt Günter Nowald uns zu einem Maisstoppelfeld, einer »Ablenkfütterung«, angelegt im Auftrag des Naturschutzes, ausschließlich für Kraniche. Denn seit der Wende, erklärt der Kranichexperte, benutzen die Bauern eine viel effektivere Erntetechnik, sodass auf den Äckern sehr viel weniger Maiskörner liegen bleiben. Und außerdem sollen Besucher wie wir auch die Chance haben, Kraniche zu sehen, ohne die scheuen Vögel aufzuscheuchen. Wenn sich Menschen nähern, ergreifen die Kraniche schon in einer Entfernung von über 300 Metern die Flucht, verbrauchen dabei unnötig Energie, die sie sich gerade für die Reise in den Süden angefressen haben.

Hinter einer Sichtblende schleichen wir uns mit den Kameras an und – nichts. Kein Kranich, nur Mais. »Die haben jeden Tag andere Lieblingsplätze – wir wundern uns auch manchmal,« meint Nowald fast entschuldigend. Für große Suchaktionen ist kaum noch Zeit, denn langsam wird es dunkel. Eine »Landpartie« über den Bodden ohne Kraniche – damit können wir nicht nach Hause kommen. Doch Günter Nowald bleibt gelassen. Wenn wir uns beeilen, schlägt er vor, sollten wir am besten gleich mitkommen, er müsse ohnehin los, um die abendliche Zählung zu machen. Wenige Kilometer von Groß Mohrdorf entfernt liegt ein gut ausgebauter Beobachtungspunkt, von dem aus sich die Kraniche auf ihrem allabendlichen Zug zu ihren Schlafplätzen hervorragend beobachten lassen, verspricht er uns.

Von der kleinen Hütte bei einem Ort namens »Kinnbackenhagen« haben wir einen phantastischen Blick über den Bodden bis hinüber nach Zingst. Glutrot geht vor uns die Sonne unter, seitlich, entlang der Boddenküste, ziehen erste Nebelschwaden über den kleinen Deich. Von Kranichen allerdings noch keine Spur. Günter Nowald winkt uns an sein Spektiv, ganz da hinten über dem Bodden kreist ein Seeadler – mit dem bloßen Auge kaum zu erkennen. Dann ein erster Vogelschwarm in der Luft – Kamera ab! Doch Fehlalarm, es sind keine Kraniche, sondern Gänse. »Etwa 15 000 sind schon da,« beruhigt er uns, »die werden gleich kommen.« Ziel der Kraniche sind die ausgedehnten abgelegenen Flachwasserstellen im Boddenbereich, wo sie im Wasser stehend übernachten, um vor Füchsen und anderen Feinden geschützt zu sein. Dann schließlich, so langsam werden die Mücken schon penetrant, hören wir ein raues, fast heiseres Rufen. Der erste Schwarm. »Fünf, zehn, fuffzehn, zwanzich«, Günter Nowald zählt Kraniche. Und dann geht es Schlag auf Schlag, ein Schwarm folgt dem anderen. Die Kameras laufen, die Mücken sind vergessen.

Bis zu 40.000 Kraniche zählen Günter Nowald und seine Kollegen alljährlich. Erst im November, wenn oft schon der erste Schnee fällt, ziehen die Kraniche weiter über Frankreich nach Spanien in die Estrema-

Foto: ©Günter Nowald

»Wo steckt der denn bloß?« Bei Mühlenhof hatte Günter Nowald einen - Kranich mit einem Sender ausgerüstet – nun muss er nur noch wiederfinden – per Antenne.

dura. Und im Frühjahr, wenn die Kraniche wieder unterwegs zu ihren Brutgebieten im hohen Norden sind, wiederholt sich für wenige Wochen das Naturschauspiel der Kranichrast am Bodden.

Infos

Kranich-Informationszentrum
getragen vom NABU, WWF und der Lufthansa Umweltförderung
Lindenstraße 27, 18445 Groß Mohrdorf
Telefon (03 83 23) 8 05 40
Telefax (03 83 23) 8 05 41
E-Mail: gruidae@aol.com
www.kraniche.de
Öffnungszeiten:
März bis Juni: Mi–So 10.00–16.00 Uhr;
Juli/August: Di–So 10.00–16.30 Uhr;
September/Oktober: Mo–So
9.30–17.30 Uhr; November: Di–So
10.00–16.30 Uhr
Der Eintritt ist frei!
Auch in den übrigen Zeiten sind nach vorheriger Absprache Führungen möglich.

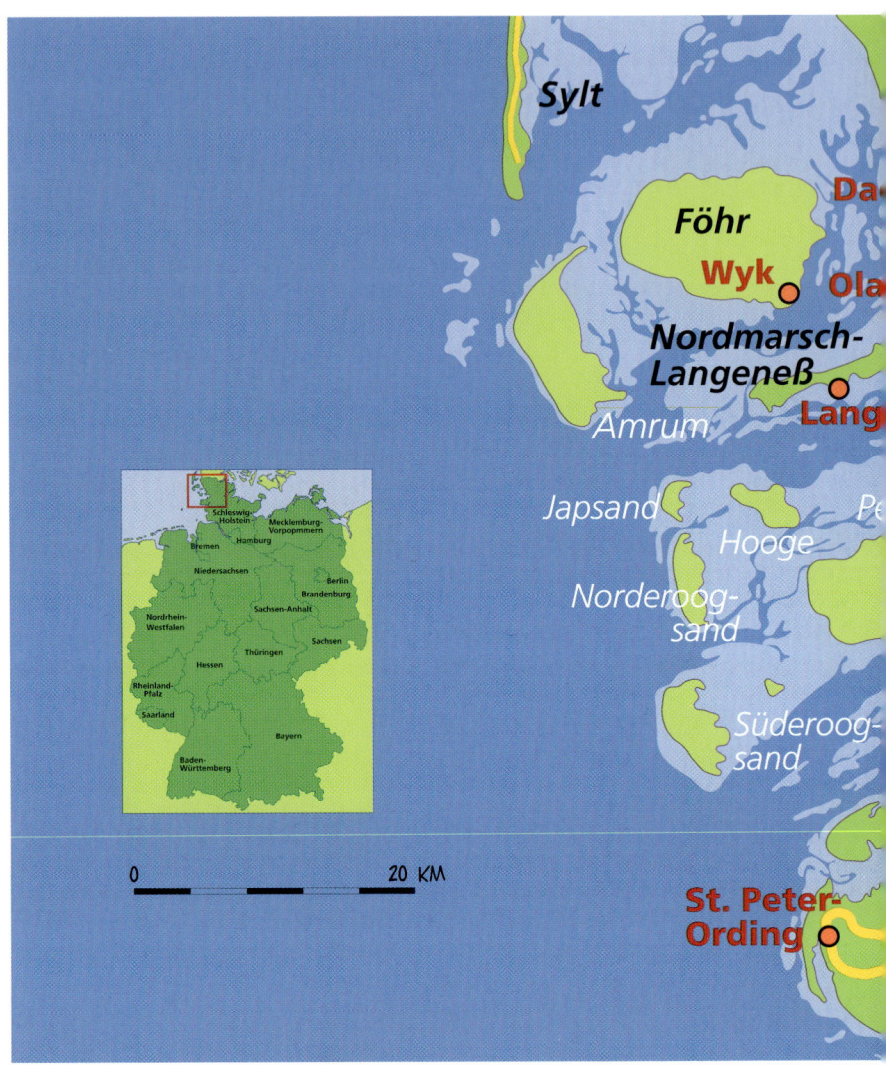

Sylt

Föhr

Wyk   Ola

Da

Nordmarsch-
Langeneß

Lang

Amrum

Japsand   Pe

Hooge

Norderoog-
sand

Süderoog-
sand

Schleswig-
Holstein   Mecklenburg-
Vorpommern

Hamburg
Bremen

Niedersachsen
Berlin
Brandenburg
Nordrhein-   Sachsen-Anhalt
Westfalen
Sachsen
Hessen   Thüringen
Rheinland-
Pfalz
Saarland
Bayern
Baden-
Württemberg

0   20 KM

St. Peter-
Ording

Nordfriesland

In Nordfriesland machen nicht nur die Reichen und Schönen Urlaub. Hier gibt es nicht nur High Society und so kommen zwar Austern vor und werden auch gekostet, doch begonnen wird diese Landpartie stilecht und auch preiswert mit Krabben. Mit Krabben, die ohne Boot gefangen werden. Ganz einfach so, mit dem Netz im Watt, barfuß, auch bei eiskalten Temperaturen. Die Nordfriesen sind da nicht zimperlich. Sie leisten sich ohnehin sehr viel: Da gibt es Schüler, die – kaum der Schulbank entwachsen – ihre Schule kaufen, um endgültig darin schlafen zu können! Wer schon immer mal wissen wollte, was eine »Ochsen-

tour« ist, der wird allerdings nicht fündig. Denn die Ochsenmast ist keine harte Arbeit, sondern eher eine beschauliche Angelegenheit. Und ökologisch, weil sie ganz behutsam und natürlich vor sich geht. Das kann man sehen und das schmeckt man natürlich auch.

Es ist eben nicht alles Käse, was in Nordfriesland hergestellt wird, doch vieles ist richtig toller Käse, ja sogar eine ganze Käsestraße haben die Schleswig-Holsteiner auf die Karte gepinselt.

Doch dann geht es weiter auf die Inseln, wo Einwohner manchmal über ganze Privatzüge verfügen und wo individuelle Strandkörbe auf Bestellung gefertigt werden – auch mit ganz vielen Extras. Über die verfügen die Frauen von Föhr auch – sofern ihre Männer beim Walfang Glück hatten ...

Geruhsamer hat es dagegen der Halligbauer. Seine Welt ist überschaubar, gegen Sturmfluten ist er gewappnet und sein Naturell erlaubt ohnehin keine großen Emotionen.

Kameramann müsste man sein! Dann käme man endlich mal raus an die frische Luft!

Beim Winde gedreht

Von stürmischen Erfahrungen, sonnigen Gemütern und anderen Kapriolen

Wer Fernsehen live vor Ort drehen will, darf nicht zimperlich sein. Er muss bei eisig kalten Temperaturen barfuß ins Watt, um Krabben zu fischen. Er muss zu Ochsen auf die Weide und sich per Rad über Hügel kämpfen. Wind und Wetter müssen egal sein, damit der Zuschauer daheim auch wirklich etwas zu sehen bekommt! In Nordfriesland war das NDR-Team wie immer in vollem Einsatz und es drehte Bilder, die sich wirklich anzusehen lohnen. Wer hätte schließlich vorher gewusst, dass man ganz ohne Boot Krabben fischen kann? Dass es in Schleswig-Holstein eine Käsestraße gibt, auf der man ruhig vom Wege abkommen darf, weil Käse wirklich fast jeden Weg lohnt?

Nordstrand:
Watt macht satt

»Nee, mien Deern, so ward dat nix!« – abfällig guckt Robert Brauer, als sich Heike routiniert die Gummistiefel anziehen will. Wir stehen morgens am westlichsten Zipfel der Insel Nordstrand und packen unsere Ausrüstung zusammen, um auf Krabbenfang zu gehen – zu Fuß im Wattenmeer. Der kleine Ort heißt sogar sinnigerweise »Westen«. Seit kurzer Zeit erst ist hier die neue Heimat von Robert Brauer, der über zwanzig Jahre lang zusammen mit seiner Frau allein auf der gegenüber liegenden Hallig Südfall lebte – als Halligverwalter und Vogelwart.

Keine Gummistiefel im Wattenmeer? Auch die Kollegen sind etwas ratlos, schließlich gehören Gummistiefel bei der »Landpartie – Im Norden unterwegs« inzwischen zur Standardausrüstung. »Damit bleibt ihr nachher sowieso stecken – barfuß geht's am besten! Und die langen Hosen lasst ihr auch im Wagen!« Robert Brauer ist es damit ganz ernst und er lässt sich auch nicht von unseren entsetzten Blicken irritieren. Schließlich ist es gerade Anfang Mai und vor uns liegen zwei bis drei Stunden Fußmarsch durchs Watt. Immerhin haben wir alle dicke Pullover und Jacken an und so zieht unsere Karawane dann los – barfuß und in kurzen Hosen. Nur unser Halligwart a. D. macht keine lächerliche Figur – mit seiner »Glieb«, einem speziellen Krabbennetz vorweg, sieht er hochprofessionell aus und zeigt uns verweichlichten Fernsehleuten, wie man der Natur trotzt. Als wir dann die Deichkrone Richtung Meer überqueren, pfeift uns plötzlich der alles andere als laue Frühlingswind um die nackten Beine. Doch umkehren? So schnell will dann doch keiner schlapp machen.

Bis zum Horizont glitzert vor uns das Wattenmeer im Sonnenlicht. In gut vier Stunden kommt die Flut, dann wird die Nordsee wieder alles bedecken. Rechts vor uns liegt in wohl 10 Kilometer Entfernung die Insel Pellworm. Die Kameras, Stative und sonstigen Ausrüstungsteile sind in einem extra großen Bollerwagen verstaut, den unser Aufnahmeleiter (Danke Dieter!) von den Kollegen der NDR-Bühnentechnik hat anfertigen lassen. »Richtung Westen und dann immer geradeaus«, lautet die Devise. Abwechselnd ziehen und schieben wir den Bollerwagen, der auf dem oft schlickigen Meeresgrund nicht so richtig rollen will. Und dann der erste Priel. Wie ein breiter Bach schlängelt er sich durch das Wattenmeer. Spätestens hier wäre uns das Wasser oben in die Gummistiefel gelaufen. Vier Mann, vier Ecken, hieven wir den Wagen rüber. Noch läuft das Wasser ab, noch ist der tiefste Stand der Ebbe nicht erreicht. Während Robert Brauer voraneilt, erzählt er von seiner Halligzeit. »Da hinten«, er zeigt auf eine kleine Erhebung im Wattenmeer, »da haben wir gelebt.« Südfall ist mit rund 50 Hektar Land, das im Winter teilweise auch noch überflutet wird, eine der kleinsten Halligen im Wattenmeer. Robert Brauer war als Nationalparkwart für die regelmäßigen Vogelzählungen mitten im Seevogelschutzgebiet verantwortlich, als Funker für etwaige Notrufe Schiffbrüchiger zuständig und arbeitete auch als Küstenschützer der Hallig, die als Bollwerk gegen die Sturmfluten betrachtet wird. Jedes

Der NDR direkt vor Ort: Robert Brauer fischt vor Nordstrand und NDR-Moderatorin Heike Götz-Hoeber trotzt mutig den (kalten) Fluten.

Frühjahr, nachdem die Winterstürme das Wattenmeer neu gestaltet hatten, musste Robert Brauer aufs Neue den »richtigen« Fußweg durchs Watt nach Nordstrand abstecken. Langeweile, erzählt er, hätte er nie gehabt, es sei immer was zu tun gewesen. Und dann sei er ja außerdem noch begeisterter Hobbyarchäologe. »Genau dort drüben«, er zeigt auf eine entfernt liegende Stelle im Wattenmeer, »im Dreieck Nordstrand-Südfall-Pellworm liegt die sagenumwobene Stadt Rungholt, die während der ›Groten Manndränke‹ 1362 untergegangen ist.« Heute noch findet Robert Brauer nach Sturmfluten dort Reste der einstmals stolzen und reichen Stadt. »Scherben, Knöpfe und andere Dinge.« Er kennt wohl jede Geschichte und jedes Detail über Rungholt und wird dafür von Touristen und Wissenschaftlern gleichermaßen geschätzt.

»Einmal im Monat sind wir mit dem Trecker von Südfall übers Watt zum Einkaufen gefahren. Im Sommer ging das ja noch, aber im Winter waren wir teilweise oft völlig abgeschnitten. Wenn die Stürme tosen, tagelang der Westwind bläst oder die Nebel sich nicht verziehen wollen, dann ist man auf das angewiesen, was die Natur zu bieten hat. Fisch, Krabben, Muscheln – wenn ich rausgeh, mach ich sie auf und esse sie roh. Da sind Vitamine drin und so. Gesünder kann man gar nicht leben.« Wir pflichten ihm bei, denn dass der trotz seines rauschenden Vollbarts jugendlich wirkende Brauer jetzt Rentner sein soll, ist wirklich kaum zu glauben.

Inzwischen ist das Watt rutschig und weich geworden. »Bloß nicht stehen bleiben, immer kleine Schritte machen, sonst bleibt ihr stecken«, warnt Robert Brauer. Unsere Schlick besprenkelten Beine haben sich wohl an die Kälte gewöhnt, spüren kann ich von meinen Füßen jedenfalls nichts mehr. Wir nähern uns dem Ziel, einem großen Priel, der eher einem breiten Strom gleicht, durch den das Wasser immer noch mit kräftiger Strömung abfließt. Hier will uns Robert Brauer den Krabbenfang zeigen, so wie er früher an der Küste üblich war.

Mittlerweile haben wir untereinander, schließlich stehen wir alle im selben Priel, die Scham vor schneeweißen stoppeligen Männerbeinen oder unlackierten Damenfußnägeln verloren. Und keiner sonst kann uns sehen. Heike soll, mit einem Mikrofon in der Hand, zusammen mit Robert Brauer das Netz durch den Priel ziehen und sich dabei mit ihm unterhalten. Regie kann ganz schön anspruchsvoll sein! Ein, zwei Schritte in den Priel- und schon steht Robert Brauer bis zum Bauchnabel im Wasser. »Noch ein Schritt,« warnt er,

So gehört sich das: Friesenhemd an und Krabben pulen!

68

»und du bist weg bis zum Hals!« Kurzentschlossen zieht unser Chefkameramann auch noch seine kurze Hose aus – unten nur noch mit zeitlosem Feinripp bekleidet, will er so den Tiefen trotzen. »Wehe, einer von euch nimmt mich ins Bild«, warnt er noch die beiden jüngeren Kamerakollegen. Dank dieses selbstlosen Einsatzes kann es schließlich losgehen. Die Kollegen gehen auf Position und folgen Robert Brauer, der seine ›Glieb‹ ins Wasser taucht. Das Netz ist am Querbalken einer mannshohen Stange befestigt und wird über den Grund gezogen.

»Ich muss einmal mit dem Strom gehen, dann mach ich 'ne Acht, und dann komm' ich wieder zurück, weil sonst die Krabben ja vorm Netz zurücklaufen würden. So ist das Wasser ein bißchen muddelig, dann können die nichts mehr sehen und dann habe ich, wenn ich Glück hab', welche drin«. Heike lässt sich jeden Schritt genau erklären. Und schon holt Robert Brauer das Netz hoch – zwar keine Mahlzeit zum satt werden, aber immerhin, eine Handvoll Krabben ist drin. »Braucht man dafür eigentlich einen Angelschein?« will Heike wissen. Der sonst so fixe Brauer stockt – »Das hätten Sie jetzt lieber nicht fragen sollen! Tja also, ich bin der Meinung, das ist ein Stück Freiheit für die Friesen. Und ich bin Friese und die Freiheit nehm' ich mir eben!«

Der Krabbenfang ist im Kasten, die Anmoderation der Sendung auch, und nach mehreren Fängen sind auch genügend Krabben zusammen, damit zumindest Heike und Robert Brauer vor laufender Kamera nachher etwas zum Pulen haben. Die gleiche Strecke wieder zurück – Robert Brauer drängelt schon etwas – denn die Flut hat bereits eingesetzt. Ohne geschulten Wattführer sollte man nicht aufs Watt gehen, warnt er. Immer wieder hat er als Halligwart Leute retten müssen, die nicht damit gerechnet haben, dass die kleinen Priele auf dem Rückweg zu reißenden und tiefen Strömen werden.

Zwei Stunden später sind wir zurück in Westen auf Robert Brauers Terrasse. Natürlich hat er direkten Blick aufs Meer, kann »seine« Hallig Südfall, zumindest bei gutem Wetter, immer sehen. Die Krabben stehen, in Meerwasser kurz aufgekocht, dampfend vor uns. Statt grau sind sie jetzt alle rot geworden. Brauer schwärmt: »So warm schmecken sie am besten, 'ne Scheibe Brot mit Butter und dazu ein schönes Bier …« aber wir sind schließlich zum Arbeiten hier, haben nachmittags den nächsten Termin, also beschränken wir uns aufs Pulen. »Sie müssen vorne anfassen, hinten anfassen, ein bißchen hin und her drehen und dann ein bißchen mit dem Nagel hier … so ist das Pulen gar kein Problem mehr, wenn man es richtig macht.« Geduldig erklärt Robert Brauer Heike den richtigen Dreh und schon sind die beiden am Futtern. Doch obwohl er direkt an der Quelle, oder richtiger: am Meer, sitzt, kauft Robert Brauer seine Krabben meistens frisch beim Fischer. Der Handfang ist auch ihm auf Dauer zu mühselig.

Info

Führungen ins Rungholtgebiet, Reisebegleitung-Küste für Gruppen Nordfriesland, Fahrradexkursionen, Diavorträge
Robert Brauer
Westen 71
25845 Nordstrand
Telefon (0 48 42) 4 99

Theodor Storm:
Die Braut, die sich traute

Heute gelten sie als Delikatesse, früher allerdings waren Krabben in Nordfriesland ein »Arme-Leute-Essen«. Auch Theodor Storm liebte Krabben – doch selbst die damals noch günstigen »Porren«, wie man sie in Husum nannte, konnte er sich als Junggeselle nur selten leisten, wie Storm jedenfalls seiner Verlobten wörtlich schrieb: »Jeden Abend Porren – das ist doch Verschwendung. Wir werden uns manches versagen, was für andere billiger Wunsch wäre. Du mußt auf alles denkbare kneifen, auf Kleider und Schuhe, Essen und Trinken. Dange – hast Du so Mut, Dich nächsten Herbst mit mir trauen zu lassen?«

Ein Heiratsantrag mit äußerst bescheidenen Perspektiven. Doch Theodor Storm hat seine Braut trotz dieser wenig versprechenden Zeilen gewinnen können, wie uns Dr. Gerd Eversberg, Kustos der Theodor-Storm-Gesellschaft in Husum erzählt. Für ihn ist Storms Heiratsantrag so etwas wie ein Appell an seine künftige Frau, in Husum doch möglichst sparsam zu wirtschaften.

Später allerdings ließ sich auch Theodor Storm kulinarisch verwöhnen. Das Restaurant »Zum Krug« rühmt sich heute noch seiner Besuche. Doch Krabben kamen damals wohl nicht auf den Tisch. Heute lassen sie sich von der von regionaltypisch geprägten Speisekarte nicht wegdenken. Krabben sind zwar kein »Arme-Leute-Essen« mehr, aber immerhin ein Luxus, der noch erschwinglich ist. Sicher ist allerdings auch, dass Husum mehr zu bieten hat als nur Krabben. Und eine »graue Stadt am grauen Meer« ist sie allenfalls im Winter.

info

Theodor-Storm Gesellschaft
Wasserreihe 31, 25813 Husum
Telefon (0 48 41) 66 62 70
E-Mail: info@storm-gesellschaft.de
www.storm-gesellschaft.de

Restaurant
»Historisches Gasthaus zum Krug«
Hockensbüll/Schobüll
Harald Frerks
Telefon (0 48 41) 6 15 80
E-Mail: zum_krug@t-online.de

Altes Gymnasium, Husum:
Die Schlaf-Schule

Schulschlaf ist der beste – in Husum sollte man das tatsächlich mal ausprobieren und genießen. Das »Alte Gymnasium«, einst eine hoch angesehene Lehranstalt, auf der schon Theodor Storm die Schulbank drückte, ist heute ein Hotel.

Wir haben uns mit Johann Max Böttcher verabredet, der hier der Hotelier ist. Der jung gebliebene und äußerst liebenswürdige ältere Herr in den achtzigern ist mit Recht stolz auf sein Werk: »Unser Haus hat jüngst unter den 100 beliebtesten 5-Sterne-Hotels den 3. Platz belegt,« erzählt er Heike stolz. Max Böttcher ist im Hotel einst selbst zur Schule gegangen, sein Vater war in dem Haus vierzig Jahre lang Lehrer. Durch Zufall hat er dann erfahren, dass »sein« Gymnasium versteigert werden sollte. Aus tiefer Verbundenheit zu Husum und zur alten Schule kaufte der erfolgreiche Geschäftsmann auf seine alten Tage das baufällig gewordene Gemäuer und nahm es unter seine Fittiche. »Die meisterhafte Renovierung erhielt Stil und Charakter des neugotischen Schulgebäudes (…), ohne auf die

Im »Alten Gymnasium« in Husum dürfen Schüler schlafen. Ja, sie sollen es sogar!

Annehmlichkeiten der Neuzeit zu verzichten. Zimmer und Suiten sind luxuriös, behaglich und geräumig«, bescheinigt ihm beispielsweise ein sonst ewig nörgelnder Restaurant- und Hotelführer sogar schwarz auf weiß.

Galant führt Max Böttcher Heike in die großzügig gestaltete Empfangshalle. »Der Haupteingang war früher auf der anderen Seite,« erzählt er. Beim ersten Blick wird klar: Hier hat jemand richtig investiert. Alles strahlt eine gediegene Behaglichkeit aus. »Das war früher die Turnhalle,« erläutert er mit Blick auf die Rezeption. »Hier hatte ich früher Sportunterricht – unter Leitung meines Vaters. Wir mussten den Eingang hierher verlegen, weil auf der anderen Seite jetzt eine verkehrsberuhigte Zone ist, dort darf man nicht mehr vorfahren.«

Max Böttchers ehemaliges Klassenzimmer, in dem er einst mit sechs anderen Schülern aufs Abitur vorbereitet wurde, ist heute ein gediegen ausgestatteter Konferenzraum. Über das nobel gestaltete Treppenhaus führt der Hotelier Heike zu einer besonderen Attraktion des Hauses – eine üppig ausgestatte Badelandschaft mit allen nur erdenklichen Fitnesseinrichtungen. »Das war auch mal eine Turnhalle, die aber erst nach dem Krieg gebaut wurde.« Die

Max Böttcher hat im »Alten Gymnasium« einst die Schulbank gedrückt und dann ein Hotel aus seiner alten Penne gemacht. Wie man sieht: Heike Götz-Hoeber gefällt es prima.

mit antiken Motiven gestalteten Wände lassen den Gast auch beim Baden nicht die humanistische Tradition des Hauses vergessen.

Während wir unsere Ausrüstung von Motiv zu Motiv jeweils umbauen, unsere Lampen neu ausrichten und die möglichen Gänge der beiden Hauptdarsteller ausprobieren, ist Max Böttcher immer in Arbeit, bespricht mit seinen Mitarbeitern die kleinen und vielleicht auch großen Entscheidungen, die für die Führung eines solchen Hauses nötig sind. Sein Angebot, in der Küche des Hauses die Spezialitäten der Region, wie beispielsweise das Fleisch des legendären Weidemastochsen, zu probieren, nehmen wir gern an. Allerdings wollen wir zuerst erkunden, was es im hohen Norden Deutschlands überhaupt so an kulinarischen Highlights gibt und wo die Delikatessen herkommen.

Erst hieß es noch: »Huch, Lammohrsalat?!«, *doch dann wurde auch diese Delikatesse gern gegessen.*

Info

Romantik Hotel »Altes Gymnasium«
Süderstraße 6–8, 25813 Husum
Telefon (0 48 41) 8 33-0
Telefax (0 48 41) 8 33-12
E-Mail: info@altes-gymnasium.de
www.altes-gymnasium.de

Husum ist immer eine Reise wert:
Markt, Schloss, Hafen und Altstadt
begeistern den Besucher.
Touristinformation:
Altes Rathaus Husum
Großstraße 27
25813 Husum
Telefon (0 48 41) 89 87-0
E-Mail: ti@husum.de
www.husum.de

Frisch aus dem Watt: Salat

Fast alle regionalen Spezialitäten unserer »Landpartie« durch Nordfriesland stehen in irgendeiner Form auf der Karte in dem Restaurant »Eucken«. Es ist benannt nach dem Husumer Literaturnobelpreisträger Rudolf Eucken, der zwar in Ostfriesland geboren wurde, aber in Husum als Gymnasiallehrer arbeitete. Im Hotel »Altes Gymnasium« in Husum läßt uns Dietrich Sandermann ausnahmsweise mit den Kameras in seine Töpfe gucken. Am interessantesten erscheint der auf den ersten Blick ganz einfach klingende »Wattenmeersalat«, den will Heike gerne mit zubereiten und natürlich auch probieren. Neben Muscheln, feinen Karottenstreifen, Radieschen ist frischer Lammohrsalat dabei wichtig, erklärt Dietrich Sandermann. Heike guckt etwas erschrocken, muss an die kleinen Lämmchen denken. »Nee, gucken Sie hier«, beruhigt Dietrich Sandermann und greift in eine Schüssel mit grünen Blättern, »die sehen doch aus wie Lammohren! Der Salat wächst auf den Salzwiesen am Deich und schmecken Sie mal, ist von Natur aus schon salzig.« Schnell bemerken wir, dass die Kochkunst von Dietrich Sandermann recht aufwändig ist und ein erhebliches Geschick voraussetzt. Auch die regionale Küche kann sehr raffiniert sein!

Schließlich hat der Küchenchef hier schon 15 Punkte im Restaurantführer »Gault Millau« bekommen.

Lammohrsalat, Miesmuschel-Mousse und Schollenroulade

Zutaten für den Salat:
*Lammohrsalat oder Queller (Pasprieres), je nach Saison
rohe feine Karottenstreifen, Radieschenscheiben
Friseésalat, Lollo bianco oder Kopfsalatherzen,
Radiccio in feinen Streifen
Gezupfte Kräuter wie Dill, Sellerieblätter, Estragon, Basilikum.
Blattpetersilie, Thymianspitzen
Selleriestangen in feine Streifen geschnitten
1 Bund wilder Spargel blanchiert*

Vinaigrette:
*Je nach Geschmack 2 EL Champagneressig, Salz (Meersalz) und Pfeffer aus der Mühle,
1 EL süßen Senf und ca. 12 EL gutes Olivenöl
Den Champagneressig mit dem Senf und den Gewürzen verrühren,
dann das Olivenöl nach und nach hinzugeben, evtl. etwas Austernwasser unterrühren.*

Safranschaum:
*1 TL Safran in 0,05 l Weißwein auskochen, reduzieren und mit 8 TL Creme Fraiche
verrühren, mit Salz und weißem Pfeffer abschmecken*

---

1 Tag voher:
Mousse von Miesmuscheln, überbackene Miesmuscheln:
In einem großen Topf 1 kleine Möhre, 1 Stange Englischen Sellerie, 1/2 Gemüsezwiebel,
1/2 Fenchelknolle in kleine Würfel geschnitten, mit 5 EL Olivenöl anschwitzen, 1 Lor-
beerblatt, 2 Thymiansträußche sowie 1 Zweig Rosmarin gezupft, sowie 1 TL Coriander-
körner, 1 TL Anis-Samen und die geputzten Muscheln (1kg) zugeben und mit 0,2 l trockenen Weißwein ablöschen. Mit einem Deckel abdecken, ca. 4 min. ziehen lassen. Mit Salz
und schwarzem Pfeffer aus der Mühle abschmecken.
Die gekochten Muscheln aus dem Sud nehmen und bis auf ca. 4 Stück das Fleisch auslö-
sen. Das ausgelöste Muschelfleisch mit einem Bund geputzter Blattpetersilie wieder in den
Sud geben und 1 Minute kochen lassen. Mit Stärke abbinden, sodass eine sämige Sauce
entsteht. Die heiße Masse in den Mixer geben und fein pürrieren und acht Blatt einge-
weichte Gelatine dazugeben. Das Pürree auf Eis kalt rühren oder soweit abkühlen, bis die
Gelatine zu stocken beginnt, dann 1/4 l geschlagene Sahne unterheben, nochmals abschmecken und über Nacht kalt stellen.

Schollenroulade in Champagnergelee:
*1 Schollenfilet enthäuten, würzen und mit etwas Fischfarce einstreichen. Mit einem blan-
chierten Mangoldblatt belegen. Das belegte Schollenfilet in eine gebutterte Alufolie wie einen Bonbon einrollen und ca. 8 Minuten im Fischfond vorsichtig pochieren. Die Roulade
aus dem Fond nehmen und ebenfalls über Nacht durchkühlen lassen und mit Cham-
pagnergelee überziehen (0,1 l Champagner, 2 Blatt Gelatine).*

Anrichten:
*Die Zutaten des Salates mit der Vinaigrette marinieren und in der Mitte des Tellers deko-
rativ platzieren. 1 Nocke von dem Muschelmousse am Rand anrichten und mit etwas Sa-
fransauce nappieren. Die Schollenroulade in 4 Scheiben schneiden und anlegen. Pro Person 3 EL Krabbenfleisch seitlich anrichten und mit 1 EL frischer Mayonaise nappieren und
mit 1/2 gekochten Perlhuhnei dekorieren.
1 Sylter Royal-Auster (pro Person) öffnen und mit der Schale anlegen. Wenn Sie Meer-
schnecken (Bigounaux) bekommen, können Sie die gekochten Schnecken extra dazu reichen. Von den restlichen 4 Muscheln die halbe Schale entfernen und die Seite mit dem
Fleisch mit geschälten, entkernten Tomatenwürfeln und feinen Basilikumstreifen belegen
und kurz vor dem Servieren mit Parmesan gratinieren.*

Weidemast:
Auf keinen Fall eine Ochsentour!

Husum war zeitweise einer der größten Rindviehmärkte Europas, denn die Region war weltberühmt für eine ganz besonders schmackhafte Delikatesse, den legendären »Eiderstedter Weidemastochsen«. Sönnich Vollquardsen und sein Sohn Redlef gehören zu den ganz wenigen Bauern, die an dieser traditionellen Weidemasthaltung bis heute festhalten. Der Hof liegt ein wenig außerhalb des Dorfes, das Hofgebäude thront wie eine wunderschöne verwunschene Villa mitten in einem parkähnlichen Garten. Das sommerliche Frühlingswetter lässt die Farben besonders kräftig erscheinen: tiefgrüne Wiesen, blauer Himmel, Schäfchenwolken und wir können uns draußen kaum vom gemütlichen Kaffeeplausch mit den beiden Landwirten lösen.

Vorweg will Heike erstmal wissen, was das Besondere an dieser Weidemast sei. »Ochsen«, erklärt Sönnich Vollquardsen, »sind eigentlich ganz

Mit dem »Husumer Handschlag« wurde der Viehhandel besiegelt. So war das in den alten Tagen, als in Husum noch einer der größten Rindviehmärkte Europas stattfand.

normale Bullen, die als Jungtiere kastriert worden sind. Die meisten hier stammen von Milchviehbetrieben. Die Milchbauern können eben nur weibliche Rinder melken. Bullenkälber können sie also gar nicht gebrauchen. Aber kalben müssen die Kühe ja regelmäßig, sonst geben sie keine Milch.« Wie beim Menschen, meint er augenzwinkernd, sei die Wahrscheinlichkeit, ein Mädchen zu bekommen, auch bei den Rindern eben nur 50 Prozent. Auf seine bedächtige Art erklärt uns der Hobby-Historiker Sönnich Vollquardsen die Zusammenhänge ganz grundsätzlich. »Tja, und da auch früher schon ausgewachsene Bullen wilde Gesellen waren, haben die Bauern sie eben kastriert.« Uns fallen die Meldungen über Bauern ein, die von ihren eigenen Bullen tödlich verletzt worden sind. Deshalb stehen die meisten Bullen ihr ganzes Leben angebunden im Maststall. Ochsen dagegen sind selbst auf der Weide ganz friedlich … heißt es.

Eiderstedt war noch im 19. Jahrhundert ein Zentrum der europäischen Rinderwirtschaft – lange bevor an eine Europäische Union überhaupt gedacht wurde: Aus dem dänischen Jütland importierten die Mäster in 40 Tagesmärschen die männlichen Jungtiere über den so genannten »Ochsenpfad«, mästeten sie auf den gesunden und reichhaltigen Weiden und exportierten die Schlachtochsen schließlich im großen Stil bis nach England – damals ein blühendes Geschäft.

Noch heute laufen die Ochsen, erzählt Redlef, den Sommer über auf der Weide und fressen ganz traditionell ausschließlich Gras – ökologischer könne man gar nicht wirtschaften, betont er. Das Ochsenfleisch ist für die Vollquardsens das

Beste überhaupt – zwar würde die Mast viel länger dauern als bei den Bullen, dafür sei die Fett-Fleischverteilung sehr viel ausgewogener und das Fleisch dadurch unvergleichlich schmackhaft. Drei Jahre werden die Tiere bei den Vollquardsens alt, sie leben damit mehr als doppelt so lange wie die unkastrierten Bullen.

Mittlerweile hat keiner im Team mehr Angst, auf die Rinderkoppel zu gehen. Schließlich wollen wir endlich sehen, worüber wir vorher nur gesprochen haben. Selbst von unserem großen Kamera-Pulk lassen sich die Ochsen kaum beim Fressen stören. »Die Weidemäster«, erzählt Redlef, »erkannte man früher immer an den Lederflicken an den Ellenbogen, schließlich war ja wenig mehr zu machen, als aufgestützt am Fenster zu stehen und den Tieren beim Wachsen zuzusehen. Das haben jedenfalls die neidischen Berufskollegen immer behauptet.« Und tatsächlich: Viel mehr als regelmäßig die Zäune zu kontrollieren und die Ochsen gelegentlich auf eine frische Weide zu treiben liegt heute tatsächlich nicht an.

Allerdings wird diese Art der naturnahen und ruhigen Weidemast immer seltener. Denn die Fleischqualität spielt bei der normalen Vermarktung kaum ein Rolle. »Das ging in den sechziger Jahren schon los«, erinnert sich Sönnich Vollquardsen, »da wurden von der EWG Garantiepreise eingeführt, um das Einkommen der Bauern zu sichern. Gezahlt wurde nach Gewicht, die Qualität war egal.« Das war dann auch der Anfang vom Ende des ehemals berühmten Husumer Viehmarktes. Fortan wurde der größte Teil der angebotenen Ochsen von staatlichen Aufkäufern zu festen Preisen gekauft und später zu Dosenfleisch verarbei-

Natürlich weiß auch das NDR-Team, dass Ochsen ganz friedliche Tiere sind. Aber wenn man das Interview mit den Herren Vollquardsen auch gemütlich vorm Haus filmen kann – warum sollte man sich da auf die Weide wagen?

tet. Mit Marktwirtschaft hatte das damals schon nichts mehr zu tun. Wozu also noch einen Markt? Und die Verbraucher achteten damals schon hauptsächlich auf den Preis. »Hauptsache billig«, lautete die Devise.

»Wir Bauern sollten damals alle intensivieren«, erinnert sich Sönnich Vollquardsen, »also auf die rentablere Bullenmast umstellen oder Milchherden anschaffen. Aber unser Boden ist alles reines Grünland und gibt das gar nicht her.« Kraftfutter oder Getreide woanders zu kaufen, das kam für Sönnich Vollquardsen nicht in Frage. Er ist seiner Weidemasthaltung aus Überzeugung treu geblieben, auch wenn es sich für ihn eigentlich nicht lohnt. Sein Sohn Redlef will den Betrieb trotzdem demnächst übernehmen und fortführen. Er hofft einen Weg zu finden, damit sich diese tiergerechte und qualitätsorientierte Weideochsenmast für ihn eines Tages auch auszahlt.

Hof Backensholz:
Der feinste Käse hinterm Deich

Gut 30 Kilometer östlich von Husum, Richtung Schleswig, sieht die nordfriesische Landschaft schon wieder ganz anders aus. Ganz sanft beginnen erste Steigungen und das Land wird etwas hügeliger. Mit dem Auto sind sie kaum zu spüren, doch Heike kommt auf ihrem Fahrrad ganz schön ins Schwitzen. Unser Ziel ist der Hof Backensholz in Oster-Ohrstedt, auf dem die Familie Metzger-Petersen sich mit ihrem Rohmilchkäse einen Namen gemacht hat.

Über eine schnurgerade alte Hofallee, die auf das stolze Bauernhaus

»Das ist ja alles Käse!«, sagen Gäste von Hof Backensholz oft – und sie haben Recht …

zuführt, erreichen wir den Hof. Ernst Metzger-Petersen führt uns erstmal zu seinen Kühen, die er gemeinsam mit einem Partnerbetrieb betreut. Allein ist das bei 180 Kühen nicht zu schaffen. »Ich konzentrier' mich inzwischen vor allem auf die Vermarktung unseres Käses, mein Partner auf die Kühe.« Als Metzger-Petersen vor rund 15 Jahren den Hof von seinen Eltern übernahm, wollte er alles ganz anders machen. »Wissen Sie, damals war ja alles sehr alternativ orientiert – Ich hab' als erstes den Hof auf Bio umgestellt. Mein Vater hat das wohl nie verstanden. Nur als die Zahlen später dann auch noch stimmten, war er, glaube ich, doch sehr stolz.«

Der Hof wirtschaftet nach den strengen Anforderungen des »Biolandverbandes«, das heißt, Importfutter ist tabu. »Nur was wir auf dem Hof ernten, bekommen die Kühe als Futter. Mineraldünger, Herbizide und Pestizide sind streng verboten. Wir geben unseren Weiden in organischer Form das zurück, was ihnen durch die grasenden Kühe genommen wurde«, erzählt Metzger-Petersen. »Unser Jungvieh schicken wir übrigens den Sommer über in den Urlaub auf 'ne Hallig im Wattenmeer. Und die natürlichen Gräser, der saftige Klee – das alles spielt für den Geschmack unserer Milch und vor allem des Käses eine Rolle.«

Die Käserei ist die Domäne von Martina Metzger-Petersen. Bevor wir auch nur einen Blick hinein werfen dürfen, müssen wir uns alle umziehen und mit Mützen, Kitteln und Überschuhen verkleiden. »Strenge Hygiene im Melkhaus und in der Käserei sind hier das A und O«, meint sie fast entschuldigend, aber sehr bestimmt, »schließlich stellen wir unseren Käse aus Rohmilch her, da ist peinlichste Sauberkeit oberstes Gebot!« Im Gänsemarsch gucken wir die Käserei von innen an, setzen unsere Lampen und staunen, wie groß und hochprofessionell diese Hofkäserei ausgestattet ist.

»Als die Kinder aus dem Gröbsten raus waren«, erzählt sie, »haben wir zunächst in der Küche unsere ersten Käseexperimente gemacht. Das lief so gut, dass wir dann einen Käsemeister eingestellt haben, der mir die Kunst des Käsens beigebracht hat.« Sieben Mitarbeiter helfen inzwischen mit.

Im Käselager stapeln sich die Käselaibe in langen Reihen in Holzregalen. Rund vier Monate soll der Käse reifen, wird zwischendurch immer wieder ›gepflegt‹, also regelmäßig mit Weißwein gewischt und gewendet, erklärt uns Martina Metzger-Petersen, während wir ihr und Heike mit den Kameras folgen. »Wir machen alles nur mit natürlichen Stoffen, deshalb kann man die Rinde unseres Käses auch bedenkenlos mitessen.« Fünf verschiedene Rohmilchkäsesorten aus Kuhmilch und drei aus Ziegenmmilch gehören zum Programm – ermutigt von der großen Nachfrage haben die Metzger-Petersens das Sortiment immer wieder erweitert. Selbst nach Italien und in das Käseland Holland gehen inzwischen die Lieferungen. In Deutschland beliefert die Familie vor allem Feinkostgeschäfte und Bauernläden.

Peinlich sauber geht es bei der Zubereitung von Rohmilchkäse zu. Sogar nach Italien wird geliefert.

Käsestraße: Abfahren und Abschmecken

Die Metzger-Petersens sind nicht die einzigen, die in Schleswig-Holstein hervorragenden Käse produzieren – sie sind Mitglied eines Verbundes ganz unterschiedlicher Käsereien im Lande: der »Käsestraße Schleswig-Holstein«. Ob »Deichkäse«, »Geestländer«, »Alter Friese oder »Biikesäis« – so unterschiedlich wie die Namen ist auch der Geschmack. Ein gutes Dutzend der über dreißig Käsereien hat sich entlang einer Route zusammengeschlossen, um so die Käsevielfalt im nördlichsten Bundesland zu zeigen.

Sie werden von Feinschmeckern mittlerweile als »die Winzer des Nordens« bezeichnet, weil auch die Käser mit großer Akribie, Sachkunde und Leidenschaft den feinsten Ge-

Info

Familie Metzger-Petersen
25885 Hof Backensholz/Oster-Ohrstedt
Telefon (0 46 26) 3 44
Telefax (0 46 26) 16 65
E-Mail: backensholz@t-online.de
www.backensholz.de

Echten Holtseer Tilsiter können Sie auf der Käsestraße in Schleswig-Holstein ergattern.

schmacksnuancen in ihrem Produkt nachspüren. Die Tradition der Käseherstellung in Schleswig-Holstein geht weit zurück. Auf Gut Behl bei Plön beispielsweise wurde nachgewiesenermaßen schon 1578 im großen Stil Käse hergestellt. Heute gehören große genossenschaftliche Meiereien wie »Holtsee« oder »Gut von Holstein« bis hin zu kleineren Hofkäsereien, die aus der Ökobewegung hervorgegangen sind, zu den Schrittmachern der »Käsestraße«.

Bei den meisten Käsereien kann man direkt im Betrieb einkaufen. Oft lassen sich dabei Menschen treffen, die etwas über die Käseproduktion, die Betriebe und deren Geschichte erzählen können. Nicht nur für Feinschmecker ist das eine gute Gelegenheit, etwas über das gehaltvolle Lebensmittel Käse zu erfahren. Viele Betriebe veranstalten auch »Tage der offenen Tür«, denn während des laufenden Betriebs sind Besichtigungen wegen der strengen Hygienevorschriften in der Regel nicht möglich.

Am Rande der »Käsestraße« weisen die Initiatoren hin auf Sehenswürdigkeiten, Museen, die sich mit der bäuerlichen Geschichte des Landes und besonders der Milchwirtschaft befassen. Interessant sind vor allen Dingen natürlich die Hinweise auf Gasthäuser und Restaurants, die sich der regionalen Küche widmen und dabei dem einheimischen Käse den gebührenden Rang einräumen. Guten Appetit!

Hier dürfen Sie durchaus einmal schnuppern, vorausgesetzt: Es ist »Tag der offenen Tür«. An der anderen Tagen bleibt die Tür schön geschlossen, der Hygiene wegen.

Info

Landwirtschaftskammer Schleswig-Holstein
Holstenstraße 106–108
Telefon (04 31) 97 97-3 56
Telefax (04 31) 97 97-1 30
E-Mail:
guetezeichen@lksh.netzservice.de

Vorsitzender der Käsestraße Schleswig-Holstein e.V.
Detlef Möllgaard
Dresdener Straße 17
25551 Hohenlockstedt
Telefon (0 48 26) 29 33
Telefax (0 48 26) 85 82 36

Slow Food Deutschland e. V., Convivium Hamburg
Dr. Burchard Bösche
Basselweg 43, 22527 Hamburg
Telefon (0 40) 5 40 41 35
Telefax (0 40) 5 40 41 05
www.slowfood-hamburg.de

Nordstrand:
Schäferstunde mit Lammkönigin

»Moin!« sagt das Schaf, »ich bin auf Salzwiesen aufgewachsen und deshalb bin ich dermaleinst besonders gut zu genießen!«

Wer in Nordfriesland mit dem Fahrrad unterwegs ist, hat immer Gegenwind. Egal, in welche Richtung wir Heike mit ihrem Rad auch schicken, sie muss immer gegen den Wind an. Aber bei der sauberen und salzhaltigen Luft macht gerade das tiefe Durchatmen den Erholungseffekt aus – behaupten zumindest die Autoren der Fremdenverkehrsprospekte. Und genau das erzählen wir Heike auch immer, wenn sie vor laufender Kamera mal wieder Fahrrad fahren und gleichzeitig auch noch moderieren soll. Doch ein Rest Zweifel bleibt ihr.

Wie gesund diese frische Nordseeluft wirklich ist, wollen wir ihr beim Schäfer Hans-Werner Baumbach beweisen, der »gleich hinterm Damm links« auf der Insel Nordstrand seine Schäferei hat. Nordstrand ist die einzige der Nordfriesischen Inseln, die man mit dem Auto oder Fahrrad über einen Damm durchs Wattenmeer erreichen kann. Und Hans-Werner Baumbachs Tochter Dörte ist in diesem Jahr sogar die »Lammkönigin«. Das letzte Wegstück, natürlich auf dem Deich, muss Heike sich mit dem Rad zwischen den Schafen zu Hans-Werner Baumbach durchschlängeln. Und natürlich kommt der Wind dabei von vorn.

Baumbachs Lämmer und Schafe laufen alle auf den saftig-grünen Deichen Nordstrands und – soweit möglich – den davor liegenden Salzwiesen. »Die sind ihr ganzes Leben in der salzigen Nordseeluft auf ungedüngten Wiesen. Gesünder geht das gar nicht.« Schäfer Baumbach ist überzeugt, dass man das auch schmecken kann. Schließlich sind die Schäfer der Westküste Schleswig-Holsteins unter Gourmets berühmt für ihre »Salzwiesenlämmer«. Schon seit Jahren sind Salzwiesenlämmer in französischen Edel-Restaurants fester Bestandteil der Speisekarten. Nur ganz langsam entdecken jetzt auch die Deutschen diese heimische Delikatesse. »Und nebenbei,« erklärt Hans-Werner Baumbach, »sind die Schafe die wichtigsten Küstenschützer. Sie treten den Boden fest und sie sorgen für eine kurze Grasnarbe. Nur so kann ein Deich auch wirklich sturmsicher sein!« Allein durch den Absatz der bis zu zehn Monate alten Schlachtlämmer kommen die Schäfer noch auf ihre Kosten, denn das Scheren der Winterwolle im Frühjahr kostet heute mehr als der Verkauf später einbringt. Und das früher beliebte Schaf- und Hammelfleisch findet immer weniger Freunde.

»Wenn wir Glück haben, könnt Ihr bei einer Geburt dabei sein«, verheißt uns der Schäfer beim Gang in den Stall direkt hinterm Deich.

Die ersten Tage erleben Baumbachs Lämmer, etwas geschützt, in einem licht- und luftdurchfluteten Stall. Für uns ideal, denn wir brauchen nicht extra ausleuchten und der Wind zerzaust nicht immer Heikes Haare. Die Muttertiere stehen auf frischem Stroh, können hier in Ruhe »ablammen«, wie es heißt. Die meisten haben ein oder zwei Lämmchen um sich herum, die sie liebevoll abschlecken. »Eine trockene Umgebung ist für die kleinen Lämmer ganz wichtig. Kälte macht ihnen nichts.« Wenn Baumbach von seinen Lämmern erzählt, sie hochhebt, Heike etwas zeigt, dann wird sofort klar, dass er Schäfer mit Leib und Seele ist. Ob er denn zum Einschlafen auch Schäfchen zählt, will Heike wissen. »Nee, dazu komm' ich gar nicht mehr. Ich steh' nachts alle zwei bis drei Stunden auf und guck' nach, ob auch alles glatt läuft. Und wenn ein Muttertier mal zu wenig Milch hat, dann helf' ich oder meine Frau mit der Flasche.«

Inzwischen hat uns Tochter Dörte, die Lammkönigin, am Deich einen kleinen Tisch mit all den Leckereien aufgebaut, die Familie Baumbach im Hofladen verkauft: Neben frischem Lammfleisch sind das Würste aller Art, geräucherte Keulen, Schafskäse, Lammfleisch in Aspik – so eine Vielfalt hätten wir nicht erwartet. Und wir sollten unbedingt auch zu den »Nordfriesischen Lammtagen« kommen: Da finden im Juni drei Wochen lang jeden Tag Aktionen rund ums Salzwiesenlamm statt. Schafscherwettbewerbe, Hütehunde im Einsatz, Wollverarbeitung, und als amtierende Lammkönigin wird Dörte Baumbach ihren königlichen Pflichten charmant gerecht, mit einer Schärpe in den nordfriesischen Farben Rot-Gelb-Blau.

Die 6. nordfriesischen Lammtage können Sie übrigens vom 9. Juni. bis 1. Juli 2001 besuchen. Da geht es in vielen Orten wieder »nur« um das Schaf: Bauernmärkte, Schauscherer, Ausstellungen und Kochkurse werden geboten. Das Lamm an sich feiert in der Küche: Es steht im Mittelpunkt – auf der Speisekarte …

»Jau, jau«, meckern die Lämmer, »wir dürfen auch bald raus an den Deich und die gute Luft schnuppern.«

Info

Schäferei Baumbach
(Schaf- und Lammspezialitäten, Naturfelle, Wolle)
Pohnshalligkoogstr. 1, 25845 Nordstrand
Telefon (0 48 42) 4 95
Telefax (0 48 42) 6 80
E-Mail: BaumbachNordstr-@t-online.de

Nordfriesische Lammtage
Kreisverwaltung
Marktstraße 6, 25813 Husum
Telefon (0 48 41) 6 74 23

Fast alle Lammtage-Veranstaltungen bieten ein reichhaltiges Kinderprogramm (Streichelzoo und Strohburg, Basteln, Lämmertöpfern) und viele Spielmöglichkeiten sorgen dafür, dass auch die Kleinen eine Menge Spaß haben.

Informationen über einen Urlaub in Nordfriesland:
Nordseebäderverband SH e.V.
Parkstraße 7, 25813 Husum
Telefax (0 48 41) 48 43
E-Mail: Nordsee@t-online.de

Biikebrennen:
Wenn Nordfriesen zündeln

Neben den seit einigen Jahren erst üblichen »Lammtagen« gibt es in Nordfriesland ein uraltes Fest, dessen Ursprung kaum noch zu ergründen ist: Das Biikebrennen am 21. Februar. Auch heute zieht es dann tausende Nordfriesen und Touristen zu den brennenden Reisig-Haufen – trotz meist sehr nass-kalter Temperaturen. Ob Sylt oder Föhr, Amrum oder Niebüll – es wird gezündelt, dass es nur so prasselt.

Das Fest soll auf Opferfeuer zu Ehren Wotans zurück gehen. Andere Theorien deuten die Feuer als Abschiedsignale für die auf Walfangfahrt gehenden Männer. Die im Februar beginnenden Fangfahrten führten bis nach Grönland und dauerten oft über ein halbes Jahr und länger. Aber vielleicht waren es auch Signalfeuer für die auf dem Festland wohnenden Liebhaber? Nach dem Ende der Walfang-Ära jedenfalls entwickelte sich das Biikebrennen für lange Zeit zum reinen Kinderfest. Erst in den 50er Jahren fanden dann auch die Erwachsenen wieder Spaß am Zündeln in lausiger Kälte. Die Reisighaufen und das Fest nahmen seitdem immer größere Dimensionen an. Heute ist das Biikebrennen eine Attraktion für kleine und große Friesen gleichermaßen – und auch die Touristen kommen in Scharen. Nach Stunden in nasser Kälte ist Grünkohlessen der traditionelle Abschluss des einstmals kultischen Biikebrennens. Dann tauen sie alle wieder auf, die sonst so ruhigen Friesen und die angereisten Touristen.

www.Biikebrennen.de/
www.deramrumer.de/Biike/Biike.htm

Sylt:
Die Sache mit den »geklauten« Strandkörben

Sonne, Strand, Meer – da ist, zumindest in Deutschland, der nächste Strandkorb nicht weit. Das Ding gegen den eigentlich ständig wehenden Wind in die Sonne gedreht, so lässt sich auch bei eher frühlingshaften Temperaturen das Strandleben genießen. Und selbst vor kurzen Regenschauern bietet das klassische Bademöbel Schutz. Ein typischeres Produkt aus Nordfriesland lässt sich kaum vorstellen.

Während wir mit dem Autoreisezug auf dem Weg nach Sylt sind, sehen wir gleich links auf der Insel, am Bahnhof von Morsum, das Schild »Friesland Strandkörbe«. Klar, dass wir sehen wollen, wie so ein Strandkorb eigentlich entsteht. Doch der Zug fährt durch bis Westerland. Und dann wollen alle erstmal an den Strand und Probe sitzen. Obwohl erst Anfang Mai, sind die ersten Strandkörbe schon belegt. Fast überall auf Sylt lassen sie sich tage- oder auch gleich wochenweise mieten. Wer dann später auch zu Hause nicht mehr auf den Strandkorb verzichten will, kann ihn auf Sylt gleich kaufen und nachsenden lassen.

So sehen sie aus, die »Friesländer Strandkörbe«. Sonderanfertigungen gibt es übrigens ganz nach Gusto und Geldbeutel.

Der Familienbetrieb »Sylt-Strand-körbe« in Rantum liefert die meisten der Körbe, die wir am Strand gesehen haben. Dirk Hamelau zeigt Heike alle Details der Produktion, den Gestellbau, die Bespannung, die Flechterei. Gerade die Kurverwaltungen ordern hauptsächlich Körbe mit dem modernen PVC-Geflecht. Sehr zum Bedauern der Hersteller, erzählt Hamelau augenzwinkernd: »Wir haben vor 30 Jahren damit angefangen und die Körbe stehen immer noch an den Stränden. Das Material ist leider so gut wie unverwüstlich!« Die Nachbestellungen haben seitdem erheblich nachgelassen … Dabei stellt das Sylter Wetter schon extreme Herausforderungen: Heiße Sommer, frostige Winter, stürmische Winde und salzhaltige Luft zehren an den Materialien. »Hier vereinen sich die Erfahrungen der alteingesessen Sylter Seefahrer mit dem handwerklichen Geschick der zugewanderten Korbflechter: Im Gestellbau arbeiten wir mit besonderen Harthölzern, die Metallteile sind aus Edelstahl und die Tuche äußerst robust.«

Es sind dann auch vor allem die Urlauber, die das klassische Geflecht aus Weidenholz bevorzugen. Nicht überall ist das Wetter so rau, wie auf der Nordseeinsel Sylt. Mindestens 1700 Mark jedoch muss man anlegen, wenn man einen Strandkorb sein eigen nennen möchte und entscheiden muss man sich: Einsitzer, Komfortkörbe, Dreisitzer und eine Fülle an Ausstattungsdetails wie kugelgelagerte Laufrollen, seitliche Lektüretasche und Hunderte verschiedener Stoffbezüge stehen zur Auswahl. Vorteil für den Kunden: Jeder Strandkorb wird individuell von Hand gefertigt. »Wir haben sogar schon einem deutschen Botschaftsmitarbeiter in Hongkong einen

Strandkorb geschickt, der brauchte ihn dort für seine Dachterrasse …« erzählt Dirk Hamelau.

Bei allem Stolz auf dieses »typische« Bademöbel aus Nordfriesland – erfunden wurde der Strandkorb an der Ostseeküste. So um 1870 herum eröffnete Wilhelm Bartelmann, in Bergedorf bei Hamburg geboren, in Rostock eine Korbmacherwerkstatt. Im Frühjahr 1882 betrat eine ältere Dame namens Friederike Malzahn die Werkstatt. Sie klagte dem Meister von Rheuma und Gicht und bat darum, ihr eine Sitzgelegenheit zu fertigen, die sie vor Wind und Sonne schützen sollte. Trotz ihrer Krankheiten wollte sie gern am Warnemünder Strand sein. Bartelmann erinnerte sich an einen »Strandstuhl« aus Korbgeflecht, den er auf Norderney gesehen hatte und baute ihn in abgewandelter Form nach den Wünschen seiner Kundin nach. Die Konstruktion kam unerwartet gut an. Noch im gleichen Jahr eröffnete Bartelmann mit seiner Frau Elise am Leuchtturm 10 in Warnemünde die erste Strandkorbvermietung der Welt. Korbflechter Johann Falk verbesserte 1895 den Strandkorb nochmals – und kreierte einen Verkaufsschlager in den mondänen mecklenburg-vorpommerschen Seebädern wie Binz, Ahlbeck oder Warnemünde. Erst später fand der Strandkorb seinen Weg auch nach Nordfriesland.

Info

Sylt-Strandkörbe
Hafenstraße 10, 25980 Rantum/Sylt
Telefon (0 46 51) 2 28 43
Telefax (0 46 51) 2 87 26

Friesland-Strandkörbe
Rudi Schardt
Am Bahnhof, 25980 Morsum/Sylt
Telefon (0 46 51) 89 13 21
Telefax (0 46 51) 89 10 11

Sicherlich können Föhrer Frauen tanzen, aber sie können auch ganz stille stehen.

Föhr:
Die Insel der tanzenden Frauen

Nach Föhr, die nach Sylt zweitgrößte der nordfriesischen Inseln, setzen wir mit der Fähre von Dagebüll über. Knapp eine Stunde dauert die Fahrt mit einem Schiff der »Wyker Dampfschiffs-Reederei«, der W.D.R., wie es stolz auf den Fahnen heißt. Wir vom NDR dürfen den Kapitän der »Rungholt« auf seiner Kommandobrücke besuchen und wollen Heike einen Kinderwunsch erfüllen: Einmal ein »richtiges« Schiff zu steuern. Den Kapitän kann offensichtlich nichts erschüttern. Er ist die Ruhe selbst, überlässt ihr spontan das Ruder: »Ja, das ist doch kein Problem. Sie müssen sich nur an die Tonnen da halten.« Er zeigt auf die markierte Fahrrinne, denn links und rechts vom Priel wird's flach – bei ablaufendem Wasser zu flach für so eine große Fähre wie die »Rungholt«.

»Jetzt müssen Sie erstmal um diese grüne Tonne da 'rumfahren …« Aufgeregt kurbelt Heike an dem kleinen Steuerrad, sie will auf keinen Fall die Fähre auf Grund setzten. Doch das große Schiff reagiert kaum. Ihr wird mulmig und erst dann bemerkt sie, wie der Kapitän grinst. »Wir haben ja Autopilot, der findet seinen Weg fast von alleine!« Um so wichtiger ist die regelmäßige Aufzeichnung von Wetterdaten durch den Kapitän, denn je nach Windstärke und -richtung verändert sich auch der Wasserstand im Wattenmeer. Leichte Grundberührungen bei extremem Niedrigwasser sind nicht ausgeschlossen, wie wir selbst bei der Vorbesichtigung bemerkt hatten.

Die Föhrer Männer waren, geschult durch die schwierigen Wind- und Wasserverhältnisse rund um die Insel, versierte Seeleute. Und durch spezielle »Kapitänsschulen« auf der Insel, die ein engagierter Pastor gründete, lernten sie auch das nötige theoretische Wissen, sodass sie in den vergangenen Jahrhunderten international begehrte und hoch bezahlte Seeleute waren. Vor allem für holländische Reedereien gingen sie ab Mitte des 17. Jahrhunderts auf Walfangfahrt. Wer von ihnen kurzzeitig zurück kam, war ein gemachter Mann und bei den Frauen ein begehrter Heiratskandidat: Geld, Silber, teure Stoffe – diese Wünsche konnten erfüllt werden und nach jeder Fangfahrt kamen neue Mitbringsel hinzu. Während der monate- oder auch jahrelangen Abwesenheit der Männer managten die Föhrer Frauen die Landwirtschaft.

Wer sich solche kapitalen Knochen an den Eingang stellt, der war Walfänger. (Krabbenfischer gucken da doch etwas neidisch …)

So ist, Stück für Stück, die bis heute berühmte und einzigartige Föhrer Tracht entstanden.

Wir haben uns mit der jungen Kerstin Christiansen auf dem Hof ihrer Eltern verabredet. Sie pflegt heute noch die von ihren Urgroßmüttern geerbte Tracht, kann sie auch anlegen. Denn das ist ein kompliziertes mehrstündiges Prozedere, bei dem ihre Mutter helfen muss. Die Kunst des »apboien«, so heißt das Anziehen der Festtracht auf friesisch, beherrschen nur noch wenige Friesinnen. Neben den alten und sehr wertvollen Stoffen wie Seide oder Kaschmir, fällt vor allem der reichhaltige Silberschmuck auf. Und immer gehören Kreuz, Herz und Anker dazu. »Das bedeutet Glaube, Liebe und Hoffnung« erklärt Kerstin, »vieles von dem Silberschmuck stammt aus Spanien und den hier«, sie zeigt auf eine Silberdollar von 1878, »hat mein Großvater aus Amerika mitgebracht.«

Und da Heike sich beim Ankleiden helfen so geschickt angestellt hat, soll sie – und wir mit den Kameras natürlich auch – zum traditionellen Tanz der Frauen der Trachtengruppe mitkommen. »Männertrachten gibt es nicht, die waren ja alle auf Walfang«, erklärt Kerstin, »die Frauen mussten also miteinander tanzen«. Vor dem Wyker Museum warten die Frauen schon. Im Garten davor, bei strahlendem Sonnenschein soll es gleich losgehen. Zu einer Akkordeonmusik reiht sich Heike mit ein, links rum, rechts rum – nur richtig abgucken kann sie die Tanzschritte nicht, unter den langen Röcken der Trachtenfrauen ist davon wenig zu sehen.

Idyllisch war das Leben auf Föhr in früheren Jahrhunderten ganz sicherlich nicht, wie Kerstins Großvater

zog es im Laufe der Zeit Tausende Föhrer nach Amerika. Denn für junge Männer gab es früher auf der Insel nur zwei Möglichkeiten, Karriere zu machen: Als Walfänger oder als Auswanderer nach Amerika. Die Landwirtschaft auf der Insel war naturgemäß eher kärglich. Auch Kerstin Christiansen verdient ihren Lebensunterhalt mit dem ungebrochenen Fernweh der Insulaner. Sie arbeitet in einem Wyker Reisebüro. Ihr Chef hat sogar noch nach dem Zweiten Weltkrieg die Auswanderung vieler Föhrer arrangiert. Kerstin allerdings verkauft heute hauptsächlich Tickets mit Rückflug.

Info

Norbert Kristensen
(Föhrer Tracht,
Urlaub auf dem Bauernhof)
Heesch-Hof
Heeschweg 2, 25938 Nieblum/Föhr,
OT Goting
Telefon (0 46 81) 17 29
Telefax (0 46 81) 17 29
E-Mail: Norbert.Kristensen@t-online.de

Touristinfo Föhr Kurbetrieb Wyk
im Rathaus
Hafenstraße 23, 25938 Wyk auf Föhr
Telefon (0 46 81) 30 52
Telefax (0 46 81) 30 68
E-Mail: foehr-wyk@t-online.de
www.foehr.de

**Kurbetrieb Wyk
Außenstelle Südstrand**
Badestraße 111, 25938 Wyk auf Föhr
Telefon (0 46 81) 32 33
Telefax (0 46 81) 32 77
E-Mail: suedstrand@t-online.de
www.foehr.de

Kurverwaltung Nieblum
Poststraat, 25938 Nieblum
Telefon (0 46 81) 25 59
Telefax (0 46 81) 34 11

Kurverwaltung Utersum
Haus des Gastes, 25938 Utersum
Telefon (0 46 83) 3 46
Telefax (0 46 83) 13 61
www.inselfoehr.net

Das hier ist der exklusive Zug der Leute von Oland und Langeneß.

Langeneß:
Die Nordsee bestimmt das Leben

Es ist ein bißchen wie im Lummerland bei Jim Knopf und seiner Lokomotive – aber wir stehen tatsächlich in Dagebüll und alles ist echt. Die kleine Lokomotive mit zwei Wagen hintendran, der Lokführer, das kleine Schmalspurgleis, das quer über den Deich ins Meer führt. Der Lokschuppen nahe des Fähranlegers Dagebüll ist der Hauptbahnhof einer der exklusivsten Bahnverbindungen überhaupt: der Bahnlinie zu den Halligen Oland und Langeneß. Benutzen dürfen sie nur die rund 120 Halligbewohner und die Mitarbeiter des Amtes für Land- und Wasserwirtschaft, die im Prinzip das ganze Jahr über mit den verschiedensten Küstenschutzarbeiten beschäftigt sind. Alle anderen Besucher kommen ganz normal mit der W.D.R.-Fähre. Unser Aufnahmeleiter, selbst in Nordfriesland geboren, hat eine Woche lang telefoniert, geschrieben, beantragt und dann hatten wir für das Landpartie-Team die Sondergenehmigung vom Amt in der Tasche.

Gemächlich tuckert die kleine Diesellok im Schritttempo den Deich hoch. Im geschlossenen Wagen ist

Frerk Johannsen ist ein echter Hallig-Bauer: Ihn bringt nichts aus der Ruhe.

unsere Filmausrüstung verstaut, dahinter hängt ein offener Wagen mit zwei Sitzreihen und dem ganzen Team darauf. In aller Ruhe zockeln die Schafe mit ihren Lämmchen vor uns über die Gleise, legen erst im letzten Moment einen kleinen Schritt zu, bevor der Zug sie berühren kann. Dann machen die Schienen eine Rechtskurve und führen geradewegs raus aufs Wattenmeer. Am Horizont ist die Silhouette der Hallig Oland zu sehen, die wir als erstes erreichen werden. Unser Ziel aber ist Hallig Langeneß, wo der Halligbauer Frerk Johannsen uns erwartet. Während wir fahren, ist vom Meer nichts zusehen – Niedrigwasser. Dann wird das grau-braune Wattenmeer grün und grüner. Ohne dass wir die Steigung spüren, sind wir schon auf Oland, passieren den kleinen Deich und sind wenig später wieder mitten im Wattenmeer.

Nach insgesamt knapp einer Stunde Fahrtzeit ist Endstation und der Ostzipfel der Hallig Langeneß erreicht. Am Kopfbahnhof empfängt uns der »Kleine Halligfriese«, das steht jedenfalls auf dem frisch lackierten Unimog mit Anhänger, dem »Dienstfahrzeug« von Frerk Jo-

hannsen. Und es gibt noch ein Gleis samt Weiche, auf dem lauter kleine Loren stehen. Zwei Achsen, ein Brett drüber und ein kleiner Motor. »Das sind unsere Privatloren. Damit können wir schnell mal zum Festland fahren, wenn wir einkaufen oder mal zum Arzt müssen. Alles Marke Eigenbau.«

Um diese Erklärung aufzunehmen, hatte der Tonkollege gebeten, den Motor des Unimog abzustellen. »Wat mutt, dat mutt«, hatte Frerk Johannsen noch protestierend gegrummelt und jetzt wird klar, was er gemeint hatte – der solide Dieselmotor will einfach nicht wieder starten. Es ist die erste Tour in diesem Frühjahr und die Batterie hat sich noch nicht wieder voll aufladen können. Etwas belämmert stehen wir Fernsehleute am Ende der Welt und kommen nicht weiter. Drehschluss, bevor wir überhaupt richtig angefangen haben.

Frerk Johannsen kann das alles nicht aus der Ruhe bringen. Kein Handy, keine Notrufsäule, trotzdem dauert es keine zehn Minuten, bis ein Hallig-Bauer von der nächstgelegenen Warf, wie die kleinen Anhöhen mit den Häusern auf Langeneß heißen, mit seinem Trecker da ist und uns Starthilfe gibt. Familie Johannsen wohnt auf der Honkenswarf, einem kleinen Hügelchen gleich hinter der Kirchwarf. Selbst auf diesem kleinen Eiland im Wattenmeer gibt es fast alles, was der Mensch zum Leben braucht: Einen Kaufmann, einen Gasthof, eine Post, Erichs Kneipe, ein Café, eine Bankfiliale und viel Natur. Frerk Johannsen führt uns als erstes zu seinen sieben Kühen, die sich auf der großen Weide fast verlieren. »Meine Sommergäste sind noch nicht da, das Pensionsvieh. Das sind meistens Jungrinder, die ab Anfang Mai hier den Sommer verbringen. Die sind dann hier um zu grasen, die Gasnarbe kurz zu halten und festzutreten. Sie dürfen nicht vergessen, wir haben hier 15 bis 20 Mal im Jahr »Land unter« und wenn man dann eine lockere Grasnarbe hat, dann treibt einem irgendwann der ganze Kram weg.«

Zweimal am Tag holt Frerk Johannsen seine Kühe zum Melken rein. »Das sind ja keine Hochleistungskühe hier, die geben nur so 2000 Liter im Jahr«, erzählt er dabei. Zum Vergleich: Auf den leistungsfähigsten Milchviehbetrieben in Deutschland kommen die Bauern pro Kuh mittlerweile auf über 10.000 Liter und mehr. Klasse statt Masse heißt die Devise der Halligbewohner: »Wir hatten mal dreißig Kühe hier, aber das hat sich für die Meierei wohl nicht gerechnet. Die haben immer weniger bezahlt und zum Schluss nicht mal mehr die Sahne abholen mögen.« Also hat Frerk Johannsen seine alte Hofmeierei wieder flott gemacht und verarbeitet seine Milch selbst – gleich neben dem Melkstand.

Heike darf mithelfen, als erstes die gekühlte Vollmilch in Sahne und Magermilch zu trennen. In einer Milchzentrifuge, einer Art Schleuder, läuft aus zwei getrennten Rohren in einem dünnen Strahl Sahne und in einem dicken Strahl Magermilch ab. »Die kriegen dann die Kälber und aus der Sahne mache ich Butter. Dafür nehmen wir aber nicht diese hier, sondern Sahne, die ich vor drei Tagen hergestellt habe und die jetzt ein bisschen natürlich angesäuert ist.« Frerk Johannsen füllt die Sahne in ein hölzernes Fässchen, die Buttermaschine. Heike soll den Elektromotor starten, der über einen Treibriemen im Inneren des Fasses einen Rührmechanismus in Bewegung setzt. »Das muss jetzt so zehn Minuten laufen«, erläutert der Halligbauer, während er immer wieder durch das Sichtfenster im Deckel in die Buttermaschine hineinschaut. Dann plötzlich soll Heike ganz schnell die Maschine abstellen. »So, jetzt müsste es gut sein. Mal gucken, ob das was geworden ist.« Frerk Johannsen öffnet den Deckel. »Das Feste ist jetzt die Butter und das Dünnflüssige die Buttermilch. Die kann ich hier ablassen. Tja, so eine Buttermaschine ist 'ne feine Sache«, spricht Johannsen und werkelt fröhlich vor sich hin. »Früher als Kind war das noch eine schweißtreibende

In diesem Fasse entsteht die gute Halligbutter. Mit Brot und frischen Krabben ein echter Genuss!

Arbeit, da musste ich immer per Hand kurbeln. 1954, als die Hallig Strom bekam, haben wir die Maschine gekauft. Die läuft seitdem wie 'ne Eins«. Gut sechs Kilo Butter haben Heike und Johannsen produziert, während unser Aufnahmeleiter vorsorglich schon mal Brot besorgt hat. Stullen mit frischer Halligbutter. »Das ist das beste, wo gibt. Und jetzt noch frische Krabben drauf …« nicht nur Frerk Johannsen schwärmt von seiner einzigartigen Halligbutter.

Gleich neben dem 1962 neu gebauten Wohnhaus steht auf der Warf das alte Friesenhaus der Familie. »Das ist hier mein Geburtshaus. Hier vorn war der Wohnbereich, da ist jetzt ein

So sieht eine original Friesenstube aus. Geschlafen wurde übrigens im Sitzen! (Flach liegen konnte man ja später noch genug).

kleines Museum drin und auf der anderen Seite war der Stall. Da haben wir Ferienwohnungen eingebaut«, erzählt Johannsen beim Eintritt in die gute Stube. Die Wände sind mit den original erhaltenen alten Wandkacheln gefliest. Das Zimmer ist eingerichtet, als würden gleich Gäste kommen und der Hausherr wäre mal kurz draußen. Alles ist wohnlich eingerichtet und ordentlich sortiert. Auch Frerk Johannsens Vorfahren hatten es offensichtlich durch Seefahrt und Walfang zu Reichtum gebracht. Heike öffnet eine angelehnte vermeintliche Schranktür – und entdeckt eine Schlafkoje. »Das war das Schlafzimmer, da hab' ich als Kind noch drin geschlafen.« Heike wundert sich über die kleine Nische: »War das nur für die Kinder oder waren die Friesen so viel kleiner als wir?« Johannsen klärt auf: »Nein, das war auch mal das Ehebett. Da haben meine Großeltern noch drin gelegen. Man hat damals noch viel im Sitzen geschlafen, drei, vier Kissen im Rücken. Lieber den Kopf immer so ein bisschen hochhalten, war die Devise, denn so ganz flach liegen kann man dann später noch lang genug! Das war als Kind eine ganz dolle Sache, im Wandbett zu schlafen – urgemütlich!«

»Und warum haben Sie dann neu gebaut«, will Heike wissen, »anheimelnder kann man doch kaum wohnen?« Die Natur gab den Anstoss, erzählt Johannsen: »Damals, 1962, hatten wir ja diese schwere Sturmflut, am 16. und 17. Februar stand das Wasser dann bis hier am Ofen,« Frerk Johannsen zeigt den Pegelstand, »danach gab es ein Bauprogramm für neue Hallighäuser mit Schutzraum.« Und wie war das damals ohne Schutzraum, will Heike wissen. »Och, wir waren alle hier unten, solange es noch etwas zu tun gab, haben Teppiche aufgerollt, alles Mögliche hoch gestellt. Nachher konnte man einfach nix mehr machen, da sind wir dann auch auf den Heuboden gegangen. Für Angst ist da gar keine Zeit, man hat so viel zu räumen, aufzupassen und – zu gucken. Interessant ist sowas ja auch denn wieder.«

Auf dem Rückweg mit der ›Lummerlandbahn‹ ist Flut. Vor uns nur die Schienen, die ab und zu von Wellen überspült werden. Es ist herrlicher Sonnenschein und kaum Wind. Von Langeneß hinter uns sehen wir nur noch die Warfen, die wie einzelne Häuser aus dem Meer aufragen. Jetzt ist wieder klar, dass in Nordfriesland letztlich alles von der Nordsee abhängt.

Mit Detlef Detlefs geht es raus zum Miesmuschelfang. Das ist übrigens ganzjährig möglich und nicht nur in Monaten mit einem »R« drin.

Info

Frerk Johannsen
(Halligbutter, Ferienwohnungen, Museum)
Honkenswarf, 25863 Hallig Langeneß
Telefon (0 46 84) 2 35
Telefax (0 46 84) 2 15

Miesmuscheln und Austern: Der eine mag's, der andere nicht

Neben Krabben sind vor allem frische Muscheln eine typisch nordfriesische Delikatesse aus dem Meer. Doch wir produzieren die Landpartie im Mai, ein Monat ohne »R«, also bekanntlich einer, in dem es keine Muscheln geben soll. Eine Vorbesichtigung bei der Firma »Föhrer Muschel« in Dagebüll macht auf einen Blick klar – alle Reinigungsbänder stehen still. Erst im Spätsommer läuft hier wieder der Betrieb an. Dann werden frische Miesmuscheln mit dem Herkunftszeichen Schleswig-Holstein innerhalb ganz Deutschlands verschickt.

In List auf Sylt treffen wir durch Zufall Detlef Detlefs, den einzigen Miesmuschelfischer, der das ganze Jahr über mit seinem kleinen Fischerboot auf Fangfahrt geht. Das mit den Monaten mit »R«, erzählt er, sei ein ganz alter Zopf, der längst überholt sei. »Heute haben wir ja die Kühlmöglichkeiten und auch die Verarbeitung ist besser geworden, also können wir auch in den Sommermonaten frische Muscheln für den Gast auf der Insel liefern.« Und schon sind wir mit den Kameras an Bord, gehen mit auf Fangfahrt. Querab, vorm so genannten »Ellenbogen« bei List auf Sylt, ist dann auch das erste Netz, das Detlefs über den Grund zieht, gleich voll. Zusammen mit seinem Helfer Lars holt er die Muscheln an Bord. Blauschwarz glänzen sie und hängen in großen Klumpen zusammen. »Das sind die so genannten Byssusfäden, mit denen sich die Muscheln gegenseitig vor Wellengang und Strömung festhalten. Diese Muscheln werden dann an Land maschinell gereinigt und dabei von den Fäden befreit.« Bei diesen eher technischen Ausführungen ist Detlef Detlefs sehr gewissenhaft. Als Heike dann nach seinem Lieblingsrezept fragt, wird klar, dass der Miesmuschelfischer zu genießen weiß: »Am liebsten esse ich sie im Tomatensud, mit Pinienkernen, ein bisschen Knoblauch, ein Schuss Wein dazu und zum Essen dann einen schönen Chardonnay!«

Alle in der Familie Detlefs, stellt sich heraus, sind wahre Muschelexperten. Schon der Senior hatte sich intensiv mit der Königin der Muscheln beschäftigt, der Sylter Auster. Allerdings waren damals wie heute die Voraussetzungen nicht einfach,

wenn in kalten Wintern der Frost die empfindlichen Austern im Wattenmeer bedroht. Detlefs Senior gab schließlich den Austernfang auf, nachdem extrem harte Winter die Bestände vernichtet hatten.

Seit Anfang der 90er Jahre gibt es einen Neuanfang: Nach französischem Vorbild wachsen wieder Sylter Austern im Wattenmeer, die unter dem klangvollen Namen »Sylter Royal« verkauft werden. Von Muschelfischerei kann man kaum noch sprechen, denn zu den Austernbänken geht's mit dem Trecker. Heike darf fahren, Leo sitzt neben ihr und gibt die Richtung vor. Nur knapp drei Stunden Zeit haben wir, denn es ist Westwind, da kommt die Flut schneller zurück.

Auf Eisentischen, die im Wattboden verankert sind, liegen Netzsäcke, prall gefüllt mit Austern. Leo muss die Säcke jeweils losschnallen, wenden und wieder befestigen. »Da sind unsere Setzaustern drin. Die brauchen zwei bis drei Jahre, bis sie die

Auf Eisentischen im Wattenmeer wachsen die Austern, Marke »Sylter Royal«.

Austern sind für einige eine Köstlichkeit und für andere schlicht »eklig«.
Unser Tipp: Einfach mal probieren!

richtige Größe für den Verkauf haben. Solange wachsen die Muscheln und ich muss aufpassen, dass sie nicht mit ihren Schalen zusammenwachsen. Deshalb das Schütteln.« Wenn die Netzsäcke geflutet sind, können die Austern bis zu 20 Liter Meerwasser in der Stunde durchschleusen und sich so von kleinsten Schwebteilchen ernähren. Das Vorbild der Anlage und auch die Jung-Austern stammen zwar aus Frankreich, doch die »Sylter Royal« schmecke viel milder, erzählt uns Leo.

An Land werden die geernteten Austern dann in großen Meerwasserbecken gehältert, gereinigt, sortiert und vor dem Versand nochmal kontrolliert. Die Becken sind so groß, dass im Winter hier der ganze Bestand, immerhin bis zu zwei Millionen Austern, gelagert werden kann. Das augenfälligste, jedenfalls von der Straße aus, ist die Probierstube.

Hier ist die Zeit für Bekenntnisse im Team – Austernesser oder nicht? Denn es gehört beim ersten Mal schon Mut dazu, eine lebende Auster zu öffnen oder öffnen zu lassen und genussvoll zu schlürfen. Geschäftsführer des Unternehmens in List ist Oliver Johannes, der als wahrer Überzeugungstäter in Sachen Austern gilt. Noch während wir in der gemütlich eingerichteten Probierstube unsere Lampen aufbauen, schafft er es sehr charmant innerhalb weniger Minuten, unserer Maskenbildnerin ihre allererste Auster so schmackhaft zu machen, dass sie gleich noch eine zweite isst. Heike gehört noch zur Fraktion der Nicht-Esser. Als die Kameras soweit sind, ist noch völlig offen, ob sie es auch bleibt.

»Beim ersten Mal gieß' ich das Wasser immer ab, denn die menschliche Zunge reagiert auf süß und auch salzig besonders stark. Also weg mit dem Salzwasser, das die Auster

Es ist nicht jedermanns Sache, Austern zu essen. Doch sei angemerkt, dass es einem auf Sylt erstens erklärt wird, zweitens serviert wird und drittens: Austern sind nahrhaft und besitzen angeblich aphrodisische Eigenschaften … Wer kann dazu schon Nein sagen?

als Vorrat hat. Dann das Fleisch von der Schale lösen und …«, er führt die Auster an den Mund und schluckt. »Zack, 'rein«, ergänzt Heike, während Oliver Johannes genüßlich kaut. »Nee, nee, langsam – nur beim langsamen Kauen kann die Auster ihren Geschmack im Mund richtig entfalten. Man kann zwar Zitrone draufträufeln, das mildert ein ganz bisschen den Salzeindruck, aber ich rate zum puren Geschmack.« Heike zeigt fragend auf einen vorbereiteten Teller, auf dem Austern mit verschiedenen Zutaten liegen und Oliver Johannes nickt: »Das dürfen Sie danach probieren. Das ist zum Beispiel eine angemachte rohe Auster mit Schalotten, Tomatenwürfeln, Petersilie, einem Schuss Olivenöl, Pfeffer, Balsamessig – alles schön kleingehackt. Aber das ist ein Rezept, um die Auster zu verstecken. Alles ein Trick, um den inneren Schweinehund zu überwinden.« Oliver Johannes reicht Heike eine neue, frisch geöffnete Auster. »Die ist aber groß«,

protestiert sie« – »Nee, nee, das ist unsere kleine Sorte. Groß ist diese hier«, er zeigt eine zehn Jahre alte Auster, groß wie ein Handteller. Heike entdeckt auf dem Tresen ein kleines Gläschen mit Perlen und Johannes wird langsam zappelig: »Sie lenken immer weiter ab!« Doch Johannes erklärt auch gern: »Also, diese Perlen entstehen, wenn ein Fremdkörper in die Auster eindringt, den sie nicht mehr rausspülen kann. Es bildet sich allmählich ein Schutzüberzug, aus dem dann eine Perle wird. Aber das dauert.«

Sieben Minuten reden die beiden nun schon charmant um den heißen Brei herum und das vor laufender Kamera. Heike spürt unsere Erwartung, das Gespräch irgendwie zu einem guten Ende zu bringen. »Jetzt muss ich wohl mal 'ran.« Mit Todesverachtung lässt sie sich eine frische Auster reichen und probiert tatsächlich. »Das Kauen nicht vergessen, das ist das allerwichtigste!« erinnert Oliver Johannes. Den Schluck Champagner vor laufender Kamera hinterher hat sie sich redlich verdient! Fünf Nicht-Esser unseres Teams sind nach diesem Dreh auf den Austern-Geschmack gekommen, nur drei blieben standhaft.

Info

Detlef Detlefs (Miesmuschelfischer)
Hafenstraße 10, 25992 List/Sylt

Föhrer Muscheln
(Frischversand innerhalb Deutschlands während der Saison Juli–April)
Delta Muscheln Nordfriesland
Deichwanderweg 6, 25899 Dagebüll
Telefon (0 46 67) 94 04-0
Telefax (0 46 67) 94 04-20

Dittmeyer's Austern-Compagnie
Hafenstr. 10–12, 25992 List/Sylt
Telefon (0 46 51) 87 09 60
Telefax (0 46 51) 87 04 30

Marinekochschule: Gourmets von der Gulaschkanone

Eine der angesehensten Kochschulen Deutschlands liegt keine 500 Meter von der Austern-Compagnie in List entfernt. Nicht nur Oliver Johannes hat dort sein Handwerk gelernt, auch viele Köche von Edel-Restaurants haben zumindest einen Teil ihrer Ausbildung dort durchlaufen. Die Marineversorgungsschule in List/Sylt gilt als die heimliche »Kochschule der Nation«. Um mit unseren Kameras hineinzukommen, müssen wir uns allerdings in Rostock anmelden, denn dort entscheidet das Marineamt über Drehgenehmigungen.

Schon als wir uns dem Ausbildungsgebäude nähern, duftet es nach frisch gebratenen Frikadellen. Draußen findet die Teamausbildung an der Feldküche statt, Soldaten der Luftwaffe werden an der Gulaschkanone ausgebildet. Uns begleitet Kapitänleutnant (KaLeu) Bomm, der Leiter der Lehrküche. Den feinen Schliff bekommen die Köche dann in der Lehrküche der Kaserne. Die meisten haben schon im zivilen Leben als Koch gearbeitet, werden hier für die Gemeinschaftsverpflegung auf See vorbereitet. »Sie wissen ja, die wichtigsten Leute an Bord fangen ja alle mit »K« an. Als erstes der Koch, als zweites der Kommandant …« erzählt der KaLeu Bomm launig. »Aber ganz im Ernst, Verpflegung ist auch so etwas wie ein Führungsmittel und für die Stimmung an Bord ganz entscheidend. Der alte Spruch, ›Ohne Mampf kein Kampf‹ gilt auch heute noch.«

Mit der Qualität des »Mampfes« haben es die Lister Marinekochschüler sogar zu Meisterschaften gebracht: Sie sind zweifache Deutsche Meister und zusätzlich Vizeweltmei-

Das Bild täuscht: Zwar zog es NDR-Moderatorin Heike Götz-Hoeber in die Küche, doch Frauen übernehmen inzwischen bei der Marine auch ganz andere Aufgaben.

ster in der Gemeinschaftsverpflegung. Neben der Lehrküche gibt es eine Lehrfleischerei, eine Bäckerei und sogar eine U-Bootküche in Originalgröße zum Üben. Genauso wichtig wie das Kochen ist ganz offensichtlich auch das Servieren, denn auch dafür gibt es eine spezielle Ausbildung. »Wir haben viele Empfänge im Ausland. Da ergibt es sich schon, dass wir auch hohe Persönlichkeiten an Bord begrüßen. Es muss also nicht nur gut schmecken, sondern soll auch lecker aussehen und tiptop serviert werden.«

Info

Marineamt
Presse- und Informationszentrum der Marine Rostock
Kopernikusstr. 1, 18057 Rostock
www.deutschemarine.de

Via Internet können Interessierte sogar Tagesbesuche bei der Marine buchen – vorausgesetzt, man interessiert sich für einen Job bei den Seeleuten! Wer noch unsicher ist, der kann sich Reportagen durchlesen, z. B. »Maat sein heißt hart sein!« Alles in allem ist schon dieser Internetauftritt der Marine ein echtes Abenteuer.

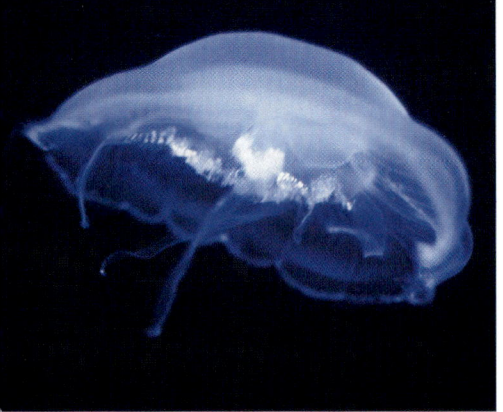

*So sieht der Mensch Quallen gern:
Mit einer Glasscheibe davor. Aber das
Multimar in Tönning hat noch viel
mehr zu bieten …*

Multimar Tönning:
Einfach abtauchen!

Wie es unter Wasser aussieht, das
lässt sich im Multimar Wattforum in
Tönning entdecken und erleben.
Von der Hochsee bis hin zum Watt
sind alle Lebensräume mit den Tieren und Pflanzen der Nordsee in riesigen Aquarien zu bewundern. Alles
lässt sich anfassen, teilweise erfühlen
und auf jeden Fall genau ergründen
– ohne nass zu werden. Beein-
druckende Videofilme, Computer-
animationen und natürlich geführte

*… zum Beispiel diese forschen Dorsche,
die gelassen ihre Kreise ziehen.*

Rundgänge lassen keine Frage unbe-
antwortet.

Hinter den Kulissen nimmt Dr.
Gerd Meurs Heike mit zum Füttern.
Heute gibt es frisches Miesmuschel-
fleisch, klein gehäckselt und in unterschiedlich fein gehackten Qualitä-
ten. »Pelletfutter lehnen wir ab. Die
Fische und andere Lebewesen hier
fressen am liebsten das, was sie kennen. Und frische Miesmuscheln lie-
ben sie alle.« Aber nur, wenn die
Muscheln auch »gemust sind«, dann
sind sie das Richtige für die Muscheln im Aquarium. Gleich kommen die Knurrhähne angeflitzt, er-
warten knapp unter der Oberfläche
größere Bröckchen. Im nächsten
Aquarium sitzt fast ganz oben eine
Seenelke. »Wenn sie so aussieht wie
eine Blume, dann hat sie Hunger.
Man muss nur etwas hinlegen und
sie fährt ihre Tentakeln aus und holt
sich was. Wenn sie satt ist, zieht sich
zusammen.«

»Essen Sie eigentlich auch Fisch?«,
will Heike schließlich noch wissen.
Gerd Meurs schmunzelt, »ja, sehr
gerne. Ich esse mit Vorliebe Muscheln und auch Krebse. Das ist eigentlich ein ›Muss‹ als Meeresbio-
loge. In Hamburg lernt man als Bio-
loge sogar die Zubereitung. Und ich
kann Ihnen sagen, das sind mit die
besten und hochwertigsten Nah-
rungsmittel, die wir haben.«

Das Multimar Wattforum will viel
mehr, als nur trockenes Wissen über
einen nassen Lebensraum zu vermit-
teln. Ein Tag im Multimar soll für
die Besucher zum Erlebnis werden.
Hier soll hautnah erlebt werden, wie
naturwissenschaftliche Erkenntnisse
dazu beitragen, das Wattenmeer zu
schützen und zu erhalten. Auch
Laien können so am Abenteuer For-
schung teilnehmen. Entwickelt
wurde das Konzept von den Multi-

mar-Mitarbeitern in Zusammenarbeit mit dem Nationalparkamt und der Stadt Tönning.

Im Multimar Wattforum gibt es 11 Großaquarien mit einem Gesamtwasservolumen von 120 Kubikmetern sowie 17 Sonderaquarien für kleinere Tiere. Mitten im Ausstellungsbereich steht das große zweistöckige Turmaquarium. Typische Bewoher des Wattenmeeres werden gezeigt: Neben Fischen leben auch Seesterne, Muscheln und Krebse in den Aquarien.

In einem Tidebecken wird – computergesteuert – der Wechsel von Ebbe und Flut vorgeführt und in einem offenen Becken kann das Wattenmeer auch mit bloßen Händen gefühlt werden. Eine Unterwasserkamera zeigt das Leben im Meer aus einer ganz neuen Perspektive.

Auf 800 qm beschreibt eine Erlebnisausstellung mit verschiedenen Stationen den Lebensraum Wattenmeer. Bilder, Filme und Modelle, Computer, Mikroskope und Spiele versetzen die Gäste des Multimar in die spannende Welt der Wissenschaft.

An den verschiedenen Ausstellungsstationen können sich die Be-

Schmuck präsentiert sich das Multimar Tönning von außen und innen bietet es eine ganze Erlebniswelt hinter Glas: »Watt Ihr wollt – so viel Watt wie Ihr wollt!«

sucher mit allen Aspekten des Ökosystems Wattenmeer beschäftigen. Themen sind »Fortpflanzung und Entwicklung«, »Fortbewegung und Verbreitung«, »Ernährung«, »Zeit und Raum«, »Monitoring«, »Mensch«, »Landschaft«, »Wetter und Klima«, »Gezeiten« sowie »Schutz und Nationalpark«.

Übrigens: Das Multimar Wattforum Tönning bietet täglich um 17.00 Uhr (Mai bis September) bzw. um 16.30 Uhr (Oktober bis April) für alle Besucher der Ausstellung einen betreuten Rundgang an.

Dr. Gerd Meurs zeigt hier einmal die korrekte Art und Weise des Fische fütterns.

Info

Multimar Wattforum
Am Robbenberg
25832 Tönning
Telefon (0 48 61) 96 20-0
Telefax (0 48 61) 9620-10
E-Mail: info@multimar-wattforum.de
www.multimar-wattforum.de

Öffnungszeiten:
Das Multimar Wattforum ist ganzjährig geöffnet (außer 24./31.12.)
1. Mai bis 30. September
9.00–19.00 Uhr; 1. Oktober bis
30. April 10.00–18.00 Uhr

Vier- und Marschlande

Vor Hamburgs Toren liegt eine Landschaft an der Elbe, deren Name allein von Blumen, Obst und anderen Genüssen zeugt: Die Vier- und Marschlande werden auch gern als »Hamburgs Vorgarten« beschrieben.

Aber was ist das für ein Vorgarten, in dem Rosenkavaliere nicht nur Rosen überreichen, sondern auch noch

selber züchten? Ja, was ist das für ein Vorgarten, in dem der Bäcker zum Fischer wird und Stinte fischt – die kleinen Verwandten des Lachses?

Doch es muss nicht immer Fisch sein, es gäbe da auch süße kleine Enten, Vierländer Enten (deren Vorfahren eigentlich aus China kommen), die als ausgewachsene Ente dann ein

ganzes Bratrohr aufs Schönste aus-
füllen. Selbstredend geht es im Vorgarten auch fleischlos zu und für
Heike Götz-Hoeber war die Landpartie durch die Vier- und Marschlande mehr als nur eine Moderation.
Fuhr sie gerade noch stolz auf dem
alten Trecker, musste sie sich kurz
darauf bereits dem Kohlrabi pflanzen widmen. Ein wenig erholsamer
war da schon der Trip vom Vorgarten ins Haus, pardon: von den Vier-
und Marschlanden nach Hamburg,
auf den Blumengroßmarkt.

Doch Hamburg hat mehr, Hamburg hat den Duft der großen weiten
Welt und damit eben das Gewürzmuseum.

Von den Vier- und Marschlanden
nach Hamburg und noch ein Stück
weiter. Da wäre das Gut Wulksfelde,
wo die Bio-Richtlinien hoch gehalten werden und der krönende Schluss
ist der Haidehof. Hier leben unter
nördlichem Himmel südländische
Pferderassen. Nicht nur Hamburg
selbst ist eine internationale Stadt –
das Umland ist es ebenso.

Es bläst der Wind, es rauscht die Elbe – die Frisur sitzt!

Der NDR überquert die Elbe bei Hamburg

Von kleinen Fischen, edlen Rosen und hart arbeitenden Menschen

Wo dreht man den Einstieg einer »Landpartie« über Hamburg und die Vier- und Marschlande am besten? Natürlich auf dem Elbdeich. Ein schönes Bild: Die Elbe fließt in aller Ruhe im Hintergrund Richtung Nordsee, Schafe grasen auf dem Deich und Heike konzentriert sich auf ihre Begrüßungsmoderation. »So geht das nicht!« unterbricht unser Toningenieur die Aufnahme. Der Wind, der es wesentlich eiliger hat als die Elbe, schlägt in Böen immer wieder kräftig ins Mikrofon, das Heike am Knopfloch ihrer Jacke trägt. Die Begrüßung ist so wegen der vielen Knacker nicht zu gebrauchen. Wir schaffen es nicht – obwohl wir noch einige Male probieren – die

Begrüßungsmoderation aus dieser Position aufzunehmen. Kurzerhand drehen wir die Szene aus der anderen Richtung, also entgegengesetzt mit dem Blick Elbaufwärts. Auch ein schönes Bild und der Tonmann nickt zufrieden. »So geht das nicht!« unterbricht diesmal der Kameramann die Dreharbeiten. Er hat Recht! Der Wind weht immer wieder die Haare in Heikes Gesicht. Unsere Moderatorin ist kaum zu erkennen. Wenn schon Wind, dann bitte von der Seite – aber wie macht man das dem Wind klar?

Wir schwärmen aus und nach einer halben Stunde hat Ulrich Koglin eine günstige Stelle auf dem Elbdeich gefunden. Der Fluss macht eine weite Kurve und öffnet so unser Bild nach hinten. Leider gibt es keine grasenden Schafe, dafür fahren aber einige Schiffe auf der Elbe. Heike bekommt einen Strauß mit 50 Rosen in die Hand gedrückt. Alles bereit?

Hamburgs Vorgarten: Blumen und Gemüse en gros

Der Blumen- und Gemüsegarten Hamburgs – so lassen sich die Vier- und Marschlande wohl am besten beschreiben. Doch bei genauerer Betrachtung sind sie natürlich wesentlich mehr: Eine Region, deren Charakter stark vom Wasser geprägt ist, die noch bis ins 20. Jahrhundert hinein größtenteils nur über den beschwerlichen Wasserweg oder über umwegreiche, schlechte Straßen mit Hamburg verbunden war. Es sind auch die eher verschlossenen Menschen, die diesen Landstrich über Jahrhunderte prägten und es sind nicht zuletzt die Natur und das Klima.

Und für alle, die es ganz genau wissen wollen: Die Vier- und Marschlande sind der südlichste Zipfel Hamburgs. Die Vierlande sind rund 77 Quadratkilometer groß. Sie setzen sich aus den »Ländern« Kirchwerder, Curslack, Neuengamme und Altengamme zusammen. Zu den Marschlanden, die 55 Quadratkilometer groß sind, gehören die sieben Ortschaften: Ochsenwerder, Billwerder, Allermöhe, Reitbrook, Moorfleet, Spadenland und Tatenberg.

Zwei Tage vor Drehbeginn haben wir uns unsere Fahrräder geschnappt und sind durch die Vier- und Marschlande geradelt. Wer die Region kennenlernen möchte, sollte es auch so machen. Obwohl wir die Sendung bereits seit Wochen entwickelt und vorbereitet hatten, hielten wir diese Radtour für wichtig. Ohne ein besonderes Ziel fuhren wir auf kleinen Nebenstraßen über den Deich bis hin zu einer alten Eisenbahntrasse, die heute als Radweg dient. Wir wollten einzig und allein ein Gefühl für die Vier- und Marschlande bekommen.

Jetzt geht Heike über den Elbdeich, hält 50 rote Rosen im Arm und begrüßt die Zuschauer. Die Radtour hat gut getan. Heikes Begeisterung ist echt, ihre Lust auf die Sendung für uns alle spürbar. Als der Wind nur noch seitwärts in Heikes Haaren spielt, brauchen wir nur einen Anlauf und die Szene ist im »Kasten«.

Heike Götz-Hoeber wird allen Sätteln gerecht. (Vor allem dem Fahrradsattel …)

Wenn es für Sie mal rote oder gelbe Rosen regnen soll – in den Vier- und Marschlanden gibt's das!

Rosenkavaliere: Sag's mit Aphrodite!

Bei Familie Stieleke wollen wir dem Geheimnis der Rosenkultur auf den Grund gehen. Sie heißen: First Red, Aphrodite, Patina und Jade. Sie gehören zu den Stars unter den modernen Rosensorten. Im Freiland und in den Gewächshäusern der Familie Stieleke wachsen 20 verschiedene Rosensorten, aber auch Freesien. Es wird behauptet, dass jede

Die Rosenkavaliere der Familie Stieleke.

vierte Schnittrose aus den Vier- und Marschlanden kommt. Bei der Blumenpracht, die Heike in den Gewächshäusern von Vater und Sohn Stieleke findet, glaubt sie das sofort. Die beiden charmanten Herren haben bald vergessen, dass drei Kameras um sie herum sind und so erklären sie Heike fachkundig, wie moderne Rosenzucht gemacht wird. Dabei werden die jungen Pflanzen in den Gewächshäusern nicht mehr in die Erde, sondern in ein Substrat gepflanzt, was eine Menge Vorteile bietet: Über den Computer lassen sich Wasser und Dünger genau steuern, keine Fremdeinflüsse wirken auf die Rosenkulturen ein und nach der Ernte lässt sich das Kokossubstrat mühelos entsorgen und recyceln. Der moderne Rosenzüchter sucht nicht nur ständig nach neuen Sorten, er will auch Blumen anbieten, die möglichst lange halten und die – das liegt wieder im Trend – duften.

Wir wechseln das Gewächshaus und drehen, wie Heike »Rosen erntet«.

Und das ist eine knifflige Sache: Die Blüte darf nicht zu geschlossen sein, weil sie sonst nicht aufgeht, und sie darf nicht zu weit geöffnet sein, weil sie dann zu schnell verblüht. Auch das richtige Abschneiden will gelernt sein. »Die richtige Abschnittstelle,« so erfährt Heike, »liegt unterhalb eines Dreier- und eines Fünfer-Blatts. Es dauert eine Weile, bis unsere Moderatorin den Arm voll feinster Rosen hat, aber die Ernte läuft zum Ende hin immer schneller. Heikes Augen üben sich im Erkennen der richtigen Rosen und schon füllt sich ihr Arm mit den prächtigsten Blumen. Die gelben Blätter wechseln zur Spitze hin in ein zartes Rot. Die sattgrünen Stiele zeigen, dass die Pflanzen gesund und stark sind. Nach fünf bis sechs Wochen werden neue

---

EINE BAUERNREGEL AUS DEN VIER- UND MARSCHLANDEN:

»Was Sonntag will für Wetter sein, dass stellt sich Freitag mittags ein«.

Blüten gewachsen sein. Unser Kameramann sucht laufend neue Positionen, um die edlen Pflanzen ins rechte Bild zu rücken, nutzt das Licht, das sich im Glas des Gewächshauses bricht, spielt mit der Tiefenschärfe und gleicht dabei ein wenig einem Maler, der die Farben auf der Leinwand komponiert. Als Heike mit den beiden »Rosenkavalieren« ein Beet abgeerntet hat, gehen sie zu Frau Stieleke in die Abpackungshalle. Dort sortiert eine Maschine die Rosen automatisch nach Größen und anschließend macht sie Frau Stieleke für den Großmarkt in Hamburg fertig. »Jawohl,« verspricht Heike feierlich zum Schluss, »wir werden Sie auf dem Großmarkt besuchen« – auch wenn wir dann sehr früh aufstehen müssen.

Der Stintfischer: Lachs für Anfänger

Mit dem Fahrrad geht es weiter. Deiche durchziehen die Vier- und Marschlande. Hervorragende Fahrradwege mit weiter Sicht. Heike erreicht wieder die Elbe. Der Wind hat sich gelegt. Träge, geradezu gemütlich, zieht der Strom dahin. Schon von weitem ist die Fähre zu sehen, mit der wir auf die andere Seite der Elbe übersetzen wollen. Wir reihen uns mit unseren NDR-Wagen in die Schlange der wartenden Autos ein. Heike kommt mit ihrem Fahrrad etwas später. Wir steigen aus, sehen einigen Enten zu und beobachten eine Schafherde, die auf der anderen Seite, in Hoopte, über den Deich getrieben wird. Der Fluss, die Fähre und das ganze Drumherum strahlen eine wohltuende Ruhe aus. Als die Fähre anlegt, wird es auch nicht hektischer. Wir drehen – in aller Ruhe natürlich – wie wir übersetzen. Auch

Von Hause ist er Bäcker, der Wilhelm Grube. Aber aus Leidenschaft ist er vor allem Stintfischer!

die Sonne leistet ihren Anteil und strahlt von einem fast wolkenlosen Himmel.

»Guter Dreh!« sagt Heike und entdeckt als erste den winkenden Mann auf der anderen Seite des Flusses. Es ist Wilhelm Grube, ein Elbfischer und seit Jahren Kultfischer, denn Stint ist Kult. Aber was ist Stint, und warum ist er etwas Besonderes? Genau aus diesem Grund haben wir uns auf den Weg nach Hoopte gemacht. Hinter dem Deich steht unübersehbar ein neues Fachwerkhaus – das Restaurant von Wilhelm Grube. Im Frühjahr 2000 war die Eröffnung. Doch Heike interessiert sich zunächst für die Reetdachkate daneben. Netze und Reusen, die wie kleine Apolloraketen aussehen, stehen vor dem alten Holztor. Wilhelm Grube hat das typische gestreifte, blaue Fischerhemd angezogen. Als er uns in seiner Anlage herumführt, erzählt er uns, dass er stolz sei, noch einer der wenigen Elbfischer zu sein. »Eigentlich bin ich von Haus aus Bäcker, aber irgendwann hat es mich wieder auf den Fluss gezogen,« berichtet er. Und wie die Elbe damals fast ein fast toter Strom gewesen sei. »Doch nach der Wende hat sich die Wasserqualität wieder erheblich verbessert.« Manchmal fängt Wilhelm Grube sogar schon wieder Lachse.

Der wichtigste Elbfisch für Fischer Grube ist jedoch der Stint, der übrigens zur Familie der Lachse gehört. Wenn man seine Größe von gerade

Tipp:

Omas Rezept
Ganz einfach: Den Fisch ausnehmen – oder schon ausgenommen kaufen –, den Kopf entfernen, dann den Fisch in feinem Roggenschrot wenden, mit Salz und Pfeffer würzen und in angeräuchertem Speck anbraten. Wer bei Wilhelm Grube den Stint kauft, bekommt auf Wunsch auch noch eine spezielle Gewürzmischung mit nach Hause.

mal acht bis zwölf Zentimeter betrachtet, ist er eher ein kümmerlicher Verwandter der großen Räuber. In Sachen Geschmack entfaltet er aber seine ganze Kraft und das volle Aroma. Zwischen Februar und April ziehen die kleinen Fische die Elbe zum Laichen hinauf. In dieser Zeit fressen sie nichts und werden deshalb auch kaum mit Schadstoffen des Flusses belastet. Wilhelm Grube kennt genau die Wanderwege der Fische. Schon sein Großvater und sein Vater stellten den kleinen, wohlschmeckenden Stinten sehr erfolgreich nach, und Oma Grube war weit und breit als hervorragende Stintköchin bekannt. Auf diese Tradition ist Wilhelm Grube nicht nur stolz, er pflegt sie auch: In seinem neuen Restaurant kann nun jeder Gast den Stint nach Omas Rezept essen. Das zarte und saftige Fleisch des Stints ist weiß und gut verdaulich. Es enthält viel Vitamin A, D und die so beliebten ungesättigten Fettsäuren. Stint lässt sich braten, grillen, sauer einlegen oder räuchern.

Morgens um sieben geht es los. Der Fischer und sein Lehrling Jens Stoef transportieren ihr Fischerboot per Trecker zum Fluss. Mit voller Kraft geht es dann Elbaufwärts. Geschickt manövriert der Fischer sein Boot zwischen den größten Frachtschiffen hindurch und erreicht bald die erste Reuse. »Ich fange nur Stinte in der Nähe der Fahrrinne,« erklärt er Heike, »denn dort ziehen die männlichen Stinte zu den Laichplätzen, während die weiblichen Fische in Ufernähe den Fluss hinaufschwimmen.« Mit dieser feinen Trennung sichert der Fischer den Nachwuchs der Stinte und damit auch seine Zukunft. An guten Tagen fängt er zwischen 400 und 500 Kilo Stint, doch allein davon kann er nicht leben und deshalb hat er hinter seinem Haus noch etliche Wasserbecken: Dort hält und züchtet er unter anderem Zander und Forellen.

Im Sommer gibt es in der Elbe kleine Süßwassergarnelen, die Wilhelm Grube fängt und an seine Forellen verfüttert. Davon bekommen die Fische nicht nur einen besonders guten Geschmack, sondern auch eine rosa Farbe des Fleisches – wie bei den Lachsen. Bei Heike steigt zunehmend der Appetit, sie drängt in Richtung Restaurant. Dort ist ein fischreiches Buffet aufgebaut. Der Gast bezahlt pauschal und kann dann essen, soviel er möchte. Nachdem die letzte Szene gedreht ist, nehmen auch wir Platz und lassen uns mit den frischen Fischspezialitäten verwöhnen.

Info

Grubes Fischerhütte
Wilhelm Grube
Hoopter Elbdeich 32
21423 Hoopte
Telefon (0 41 71) 60 18 50

Stint – zubereitet nach »Oma Grubes«
Rezept!

Winsen:
Watschelnde Tradition

»Fahrt einfach die Straße 500 Meter Richtung Winsen, dann seht ihr schon den Timmannschen Hof auf der rechten Seite«, hatte Wilhelm Grube zum Abschied gesagt. Während wir bei ihm den Stint aßen, erzählte der Fischer von einer weiteren Vier- und Marschländer Spezialität: der Vierländer Ente. Kurzerhand entschlossen wir uns, Familie Timmann mit voller Mannschaft »heimzusuchen«.

Ihr Entsetzen hält sich in Grenzen, als wir mit drei NDR-Autos auf den Hof fahren. Als wir erzählen, dass wir das »Landpartie – Team« sind und von den Vierländer-Mastenten gehört haben, führt uns Jan Timmann über seinen Betrieb.

Bei kleinen Entenküken schmilzt jedes Herz – bloß aufpassen, dass hier keiner zum großen Sprung ansetzt.

Heike entdeckt einige Kartons mit Luftlöchern, aus denen es verdächtig laut schnattert. Vor gut einer Stunde sind junge Enten geliefert worden. Heike holt sich gleich ein gelbes Entenküken und hält es behutsam in ihrer Hand.

Der junge Landwirt zeigt uns die weiten Rasenflächen, auf denen seine Enten ihre Tage verbringen. Erst in der Endmastphase kommen sie in den Stall, wo sie aber auch genügend Bewegung, Licht und Frischluft haben. Zweitausend Enten werden auf dem Hof gehalten, aber von der so oft kritisierten so genannten Massentierhaltung ist hier nichts zu entdecken. Familie Timmann mästet schon seit Generationen Enten. Die Vierlande eignen sich besonders gut für die Entenhaltung. Die vielen Wasserflächen bieten ausreichende Bewegungsmöglichkeiten für die Tiere. Ein Teil des Futters ist sozusagen Abfallprodukt des Gemüse- und Ackerbaus, und die Nähe zu Hamburg sichert einen guten Absatz. Von den vielen Entenhaltern sind wenige, wie die Timmanns, übrig geblieben. Nur über eine hervorragende Qualität können sie sich gegen Billigimporte vor allem aus Osteuropa durchsetzen. Bei Familie Timmann bleiben die Tiere auch zur Schlachtung auf dem Hof. So wird den Enten Transportstress erspart, was sich auch in der Fleischqualität widerspiegelt. Nach sieben bis acht Wochen haben die Tiere das Schlachtgewicht von ca. 3300 Gramm

ENTENGESCHICHTE

Die Vierländer Ente ist eigentlich eine Pekingente – und doch eine Vierländer-Ente. Kaum zu verstehen? Stimmt! Deshalb: Der Weg der Pekingente nach Deutschland war eine lange Reise rund um den Globus.

Chinesische Einwanderer brachten sie im 19. Jahrhundert mit in die USA. Die »Bleichgesichter« fanden bald Gefallen an der fleischreichen Ente, die ursprünglich aus dem nördlichen China stammte. Die Amerikaner züchteten aus dem Original eine Ente, die ihren Körper nur wenig über dem Boden trägt. Anfang des 20. Jahrhunderts kam sie dann über England nach Deutschland und wurde wieder züchterisch verändert. Die deutsche Pekingente trägt ihren kräftigen Körper leicht erhoben. Auch bei Enten gibt es sehr unterschiedliche Schönheitsideale. Was blieb, war die gute Leistung, ihre Gesundheit und Anpassungsfähigkeit. Es ist anzunehmen, dass die deutsche Pekingente seit fast 100 Jahren in den Vierlanden gehalten wird. Sie hat sich jedenfalls hervorragend angepasst: Die deutsche Pekingente wiegt im Schnitt ein halbes Kilo mehr als ihre amerikanischen Vettern.

Herr und Ente: Herr Timmann und die echte Vierländer Ente.

erreicht und kommen in den Lebensmittelhandel. Leider gibt es keinen Ab-Hof-Verkauf, sonst wäre der Wagen des NDR-Teams noch ein bisschen voller geworden …

Info

Fam. Timmann
Hoopter Straße 255
21423 Winsen/Luhe
Telefon (0 41 71) 24 18

Gutes Gemüse: Echte Bückware

Zu einem zünftigen Entenbraten gehört natürlich auch entsprechendes Gemüse. Da trifft es sich, dass die Vier- und Marschlande Hamburgs Gemüsegarten sind. Wir haben uns mit Ernst und Christian Behn verabredet und haben erst mal Technik statt Gemüse vor Augen. »Den benutze ich nur noch am Wochenende zum Zigarrenkauf.« Ernst Behn steht mit Heike vor einem Porschetrecker Baujahr 56. Heikes Augen glänzen. »Schönes Stück! Können wir mal eine Runde drehen?« Und schon sitzen unsere Moderatorin und Herr Behn Senior auf dem Trecker. Mit viel Puttputtputt geht es die Hofeinfahrt hinaus und wieder hinein. Unser Kameramann fängt die Szene sofort ein. »Aber nicht, dass die Zuschauer jetzt denken, bei uns würde mit solchen Museumsstücken gearbeitet!« befürchtet Christian Behn, doch Heike zerstreut diese Bedenken und wird den Zuschauern später sagen, dass der alte Schlepper ein Hobby von Vater Behn ist.

Nach der kleinen Spritztour geht es ins Gewächshaus. Feinste Salate stehen in Reihe und Glied. Lollo rosso und helle Eiche bedecken den Bo-

Leider hatte Heike Götz-Hoeber schon nach wenigen hundert Metern die Nase voll. Da wird die Kohlrabi-Ernte dieses Jahr wohl nur mäßig ausfallen.

den. Wie kleine Kunstwerke sehen sie jetzt kurz vor der Ernte aus. Unsere Kameraleute spielen wieder mit den Farben und sind völlig begeistert, als die Sonne durch die Wolken bricht. Heike knabbert derweil an den verschiedenen Salatsorten und befindet alle für gut. Der Rucola

Der Trecker ist Baujahr 56, kann zwei »Mann Besatzung« transportieren und dient Herrn Behn sen. nur zum Zigarren holen.

oder Rauke hat es ihr besonders angetan.

»Was ist das denn?« Heike zeigt auf kleine Töpfe mit ebenso kleinen Pflanzen. »Nach der Salaternte,« erklärt ihr Christian Behn, »werden hier im Gewächshaus Gurken angepflanzt. Weil die Gurke aber ein sehr empfindliches Gemüse ist, wird sie auf Kürbistriebe aufgepfropft.« Dadurch ersparen sich die Behns den Einsatz von Chemie und können trotzdem gesunde und widerstandsfähige Gurken an die Verbraucher verkaufen. Auf dem Programm der Behns stehen noch Tomaten, jede Menge Kohl und alle Salate, die sie auf den fünf Hektar anbauen.

»Und wie pflanzt man?«, möchte Heike wissen. Kein Problem! Die Behns wollten eh' an diesem Tag im Freiland Kohlrabi pflanzen. Vater Behn steigt auf einen hochmodernen Schlepper, der die Pflanzmaschine zieht. Heike und Christian Behn sitzen hinten auf der Maschine und los geht's. Heike muss sich ganz schön sputen, um mit dem Tempo von Christian Schritt zu halten. Jede einzelne Pflanze muss auf ein kleines Förderband gesetzt werden, das dann den Kohlrabi in vorgestanzte Erdlöcher setzt. »Es gibt Arbeiten,« meint Heike schließlich, »bei denen ich froh bin, dass ich sie nur fürs Fernsehen machen muss.« Schon nach 400 Metern meldet sich ihr ungeübter Rücken. Wir haben ein Einsehen und gehen zu den Nachbarn der Behns. Denn die haben Beet- und Balkonpflanzen auf ihrem Hof.

lufo

Ernst und Christian Behn
Ochsenwerder Elbdeich 75
21037 Hamburg
Telefon (0 40) 7 37 23 68

Diese zartgelbe Margerite heißt mit vollem Namen »Bornholm-Margerite«.

Bunte Pracht:
Viel Arbeit mit zarten Pflänzchen

Man könnte neidisch werden. Nur selten haben wir Blumen in einer solchen Pracht gesehen. Gesund, kräftig, farbenfroh. Bei Kai und Werner Burmester ist bei jeder Pflanze der »grüne Daumen« des Gärtners zu spüren. Vater und Sohn Burmester arbeiten in ihrem Glashausgarten Hand in Hand. Inmitten der üppigen Pflanzen entdeckt Heike zartgelbe Margariten. »Das ist eine neue Züchtung,« erklärt Kai Burmester, »so genannte Bornholm-Margariten, die es früher nur in weiß gab.« Es dauert oft Jahre, bis eine neue Pflanzenform oder -farbe entwickelt ist. »Gute Züchter müssen ein Gespür für den Markt haben.«

Das ist Heikes Stichwort: »Wie werden die Blumen vermarktet?« Ein kurzes Gespräch, das uns Werner Burmester mit den Hamburger Blumengroßmarkt vermittelt, und wir haben unseren nächsten Termin: Um 2 Uhr nachts auf dem Großmarkt! Doch bevor wir Familie Burmester verlassen, muss Heike noch Azteken-Gold eintopfen. Was so leicht aussieht, ist ganz schön schweißtreibend. Nachdem sie erst die Jacke und dann den Pullover ausgezogen hat, gibt sie nach einer halben

UND NOCH EINE BAUERNREGEL:
»Viel Regen im April,
ist des Bauern Will.«

Stunde schließlich doch auf. Heike wird ernst, nimmt einen der kleinen Töpfe in die Hand, schaut das Pflänzchen eine Weile schweigend an und spricht die prophetischen Worte: »Wenn man erlebt, was da an Arbeit und Energie zugehört, um so eine kleine Pflanze wachsen zu lassen, dann sollten wir ihr doch mit viel mehr Respekt begegnen.«

Blumengroßmarkt:
Die Könige der Nacht

Pünktlich um 2 Uhr nachts stehen wir vor dem Blumengroßmarkt unweit des Freihafens. Kühle Luft weht von der Elbe herüber, die Müdigkeit steckt uns noch in den Knochen. Als wir die warme Markthalle betreten, beschlagen erst einmal die Objektive unserer Kameras. Zwangspause! Klaus Bengtsson, der zuständige Mann für die Presse, empfängt uns mit heißem Kaffee. Der Mann weiß, was müde Fernsehseelen brauchen. Wir entschließen uns, einen Rundgang zu machen. Mit jedem Schritt werden wir wacher – und das liegt nicht allein am Kaffee. Es gibt Dimensionen, die man erst verarbeiten muss. Obwohl wir bereits wissen, dass die Vier- und Marschlande das größte zusammenhängende Gartenbaugebiet Deutschlands sind, konnten wir uns die Blumenfülle auf dem Großmarkt nicht ausmalen. Gänge, nein, Straßen voller Blumen und Pflanzen.

So hat die Dame Blumen dann doch recht gern. Nicht selbst gepflanzt, auch nicht selbst gepflückt, sondern von Klaus Bengtsson charmant überreicht!

Heike steuert auf Schnittblumen zu, die gerade in Kartons verpackt werden und erfährt auf Nachfrage, dass es Germinis sind. Germinis? »Gerbera mini« ergibt Germinis,« sagt Klaus Bengtsson und fügt hinzu, dass der Markt von 300 Produzenten, Importeuren und Großhändlern beschickt wird. Die Aufkäufer sind meist Wochenmarkthändler, Friedhofsgärtnereien, Blumenfachgeschäfte oder auch Händler, die mit dem LKW übers Land fahren und Blumen an Einzelhändler verkaufen. Etwa 210 Millionen Mark werden auf dem Großmarkt jährlich umgesetzt. Jeder Händler macht sein Geschäft auf eigene Rechnung und in eigener Verantwortung.

Und da stehen wir plötzlich vor dem Stand von Frau Stieleke, die ihre Rosen und Freesien verkauft. Sie hat schon gute Geschäfte gemacht. »Qualität findet seinen Abnehmer – zumal wenn sie so frisch geerntet ist.« Die gelben Freesien sind heute der Renner. Der ganze Stand von Frau Stieleke duftet danach. Neue Kunden kommen, und wir ziehen uns zurück.

»Die Kameras sind klar. Wir können drehen!« Bei den Germinis wollen wir anfangen, uns an den Sonnenblumen vorbei arbeiten und enden, wenn der Stand frei sein sollte, bei Frau Stieleke. Gegen 6 Uhr früh haben wir abgedreht, im Marktcafé gefrühstückt und einen riesigen Strauß Blumen, den Heike von Herrn Bengtsson überreicht bekam, im Teamwagen verstaut. Wir sind im Plan und fahren zum Melken.

Info

Blumengroßmarkt Hamburg
Klaus Bengtsson
Banksstraße 28, 20097 Hamburg
Telefon (0 40) 30 97 76 19

Die Vier- und Marschländer Milchstraße: »Elfi, Nummer 5432«

Zugeben, wir sind so früh aufgestanden, weil wir zum Großmarkt mussten, aber es lohnt sich auch sonst. Die Sonne geht gerade auf, als wir die Vier- und Marschlande erreichen. Nebelschwaden bedecken die Wiesen, auf denen Pferde und Rinder wie Statuen stehen und dösen. Der Tau glitzert im ersten Sonnenlicht, die Vögel begrüßen noch etwas zaghaft den Tag und auf dem Wasser der Elbe tanzen die ersten Sonnenstrahlen. Die Luft ist erstaunlich klar. Ein Graureiher steigt auf. Wir unterbrechen laufend unsere Fahrt und drehen »Morgenstimmung«. Es wird kaum gesprochen. Wir verstehen uns auch so. Um sieben Uhr erreichen wir den Milchhof Reitbrook der Familie Langeloh.

»Ja, und dann wurde ich Kuhndin bei den Langelohs – der Stall gefiel mir, die Arbeitsatmosphäre ist harmonisch und Sie können jetzt ruhig aufstehen – Knien braucht man vor uns Kühen nicht.«

Heike, beschließen wir, soll mit dem Fahrrad auf den Hof kommen. Die Teams machen sich fertig. Heike schnappt sich das Fahrrad und erkundet etwas die Gegend. Ich gehe derweil in den Stall, sehe mir die Kühe und Kälber an, komme schließlich in die hauseigene Meierei und später zum Schluss auf die Weide gleich hinter dem Hof. Es sieht alles ausgesprochen gut aus. Dass Familie Langeloh sympathisch und mit Begeisterung bei der Sache ist, versteht sich von selbst.

Als ich wieder auf dem Hof bin, kommt Heike mit den Teams. Die Fahrradszene ist gedreht. »Wie würdest du den Betrieb beschreiben? Auf was soll ich mich einstellen? Wie sieht die Tierhaltung und die Milchvermarktung aus?« Heike hat viele Fragen – wichtige Fragen. »Nun,« sage ich zu unserer Moderatorin, »stellen wir uns doch mal vor, wir wären eine Milchkuh bei den Langelohs. Was würde sie uns wohl erzählen? Wahrscheinlich das:

»Gestatten, Elfi, Nummer 5432 mit Knopf im Ohr. Ich stehe hier – nein falsch – ich lebe hier mit 67 anderen Damen der Rasse »Holstein Friesian«. Im Frühjahr sind wir umgezogen in

den neuen Stall. Ganz ehrlich, in meinem Alter, ich bin acht Jahre alt, mag man Veränderungen nicht mehr so gern. Wir waren in dem alten Stall zufrieden, ehrlich. Das ganze neumodische Zeug macht uns Rindviechern bloß Angst. Wir sollten Computer essen, haben wir in einigen Zaungesprächen mit Nachbarinnen erfahren. Computer, und das mit meinen Zähnen. Anfangs habe ich ernsthaft mit dem Gedanken gespielt, die Milchproduktion aus Protest einzustellen. Meine Freundinnen

BAUERNREGEL:
»Obenrot mokt dat Weller got!«

waren ganz meiner Meinung und bereit mitzumachen. Wenn man Computer zu fressen bekommt, gibt man wahrscheinlich keine Milch mehr, sondern Schmieröl. Als der Tag X dann kam, waren wir alle ungemein nervös. Mein Inneres sträubte sich gegen den neuen Stall. Und dann: Oh, ist mir das heute peinlich! Es war einfach super. Wir standen nicht mehr angebunden, wie Generationen vor uns, in dunklen Ställen, sondern hatten Platz und Licht. Wissen Sie was das für eine Kuh bedeutet? Lebensfreude! Der Stall ist aus Holz, an den Seiten und im Dach sind Fenster, frische Luft gibt es den ganzen Tag und wir können uns nach Herzenslust bewegen. Bei euch Menschen soll es ja auch Berufe geben, bei denen man den ganzen Tag an einen Verkaufstresen gebunden ist. Fragt die mal, was sie davon halten. Die sollen ihnen mal die Füße und Beine zeigen. Ich wette, die haben auch Klauenprobleme! Unser neuer Stall ist ein Hit. Selbst an einen Scheuerbesen

Doch als der NDR dann da ist, geht es richtig hautnah zu.

Ganz frische Milch gibt es von den Langelohs direkt ab Stall: der Milchlieferservice macht's möglich.

haben sie gedacht, wenn uns mal das Fell juckt!

Ach, noch etwas! Einige in meiner Herde kann ich einfach nicht leiden – nicht riechen. Denen kann ich jetzt einfach aus dem Weg gehen.

Gleich hinter dem Stall beginnt unsere Weide. Die benutzen wir aber nur im Sommer, wenn das Gras frisch und knackig ist. Weil es uns jetzt so viel besser geht, hat sich Familie Langeloh auch etwas Besonderes mit unserer Milch einfallen lassen. Sie haben eine eigene kleine Meierei gebaut. Ein Teil unserer Milch – **unserer Milch!** – bekommen Kunden direkt nach Hause geliefert – so wie früher. Wir sind dabei konkurrenzlos. Ich freue mich ja schon auf die nächste Sommersaison auf der Weide. Unseren Nachbarinnen werde ich was erzählen – von wegen Computer essen. Wir bekommen unser Essen computergesteuert – so eine Art Sportlerdiät, die auf jede Einzelne von uns abgestimmt

ist. Und im Internet sind wir auch. Auf schwarzem Grund wird da über Reitbrook berichtet, übers Dorf, über die Geschichte und übers Geschäft. Momentan ist das ganze noch im Testbetrieb, aber die Menschen arbeiten dran und sie legen Wert darauf, dass es unter *reitbrook.de* auch ein bisschen was zu Lachen gibt. Da werden die blöden Rindviecher aber ganz schön staunen. Ich für meinen Teil ziehe den Laufstall mit Hauswiese dem alten Stall vor. Wenn Sie es nicht glauben, besuchen Sie mich doch mal.«

»Ach, so ist das mit der tiergerechten Haltung!« sagt Heike, streichelt eine Kuh und wartet auf den Drehbeginn.

Info

Milchhof Reitbrook
Familie Langeloh
Vorderdeich 275, 21037 Hamburg
Telefon (0 40) 73 71 79 84
www.reitbrook.de

Zollenspieker Fährhaus:
Demo für ein Traditionshaus

Heike wollte unbedingt noch eine Milchtour mit Frau Langeloh machen, um zu sehen, wie das »Frei-Haus-Konzept« ankommt. Also fuhren wir mit und drehten, wie die beiden Frauen die Milch auslieferten. Der Erfolg war augenscheinlich. Die Langelohs haben eine Marktnische entdeckt. Beendet wurde die Rundfahrt bei unserer nächsten Station: dem Zollenspieker Fährhaus. Heinz Gellersen, der Projektleiter zur Sanierung des Fährhauses, erwartet Heike schon am Eingang. Wir entschließen uns, die Begegnung sofort zu drehen, um die Geschichte des Zollenspieker Fährhauses gleich aus erster Hand und ohne lange Vorgespräche zu erfahren.

1994 war es fast vorbei mit dem geschichtsträchtigen Gebäude, das erstmals 1252 erwähnt wurde. Bereits 1993, so erfährt Heike von Heinz Gellersen, galt das Zollenspieker Fährhaus als abbruchreif. Eine Sanierung schien aus Geldmangel unmöglich. Ein Förderverein wurde gegründet und dann geschah das bis dahin Undenkbare in den Vier- und Marschlanden: Die Bewohner gin-

---

UND EINE VIERLÄNDER BAUERNREGEL:
»In der Morgenfrühe starker Tau, wird das Wetter gut und lau!«

---

gen zum ersten Mal in der langen Geschichte des Hamburger Südens auf die Straße und **demonstrierten**!

Sie wollten ihr Zollenspieker Fährhaus behalten. Ein gebürtiger Vierländer war dann schließlich der Retter in größter Not: Bodo Sellhorn, Hamburger Unternehmer, der das Fährhaus kaufte und es von Grund auf sanieren ließ. Es sollte so viel wie möglich erhalten oder nach alten Plänen wiederhergestellt werden. Das Zollenspieker Fährhaus ist heute ein Schmuckstück für die ganze Region.

Die lange Geschichte des Hauses ist fast in jeder Ecke zu schnuppern. Das spürt auch Heike, als Herr Gellersen sie durch das Traditionshaus führt. In dem Tanzsaal fanden früher rauschende Feste statt. Bodo Sellhorn, der heutige Besitzer, lernte im Zollenspieker Fährhaus tanzen. Der Tanzlehrer spielte dazu im Unterricht Geige. Natürlich brachte er den Tanzschülern auch alte Vier- und Marschländer Tänze bei. Heute sind sie fast vergessen.

Eigentlich sollte das »Zollenspieker Fährhaus« abgerissen werden.
Heute kann das keiner mehr verstehen.

Unter dem Dach mit weitem Blick über die Elbe ist das Hochzeitszimmer. Ein Schleier hängt über dem Bett, der Raum ist groß und hoch. Heike nimmt auf dem Bett einen Augenblick Platz und sinnt über eine Hochzeitsnacht im Zollenspieker Fährhaus nach.

Info

Zollenspieker Fährhaus:
Zollenspieker Hauptdeich 143
21037 Hamburg
Telefon (0 40) 7 93 13 30

Herr Gellersen möchte aber Heike und uns noch etwas anderes zeigen, was ihm besonders am Herzen liegt. Wir sollen doch mit zu Bauer Heitmann kommen.

Rindviecher:
Tierisch gut

»Beißt der?« fragt mit aufgerissenen Augen und fast verschluckter Stimme einer unserer Assistenten. Rindviecher im allgemeinen und Bullen im besonderen beißen nur sehr selten, aber die Angst unseres Mitarbeiters ist schon begründet.

Ein gut über tausend Kilo schwerer, pechscharzer Bulle kommt behäbig auf uns zu. Sein Interesse an uns hält sich jedoch in Grenzen. Er schaut uns eine Weile zu, als wir die Kameras aufbauen, fährt mit der Zunge in eins seiner Nasenlöcher und kehrt dann zu seinen Kuhdamen zurück. Der Kraftprotz ist vor wenigen Stunden wieder Vater geworden. Das Kalb ist noch etwas unsicher auf den Beinen, saugt aber schon kräftig an Mamas Euter. Die schwarze Rinderrasse kommt ursprünglich aus England und heißt »Welsh black«. Es ist eine Fleischrinderrasse, die Eggert Heitmann das ganze Jahr auf der Weide hält. Es gibt Unterstände, die von den Tieren aber nur selten angenommen werden. Heinz Gellersen züchtet diese Rasse schon seit fast 20 Jahren in der Heide. Beim Ausbau des Zollenspieker Fährhauses kam ihm die Idee, die Tiere im Restaurant des Traditionshauses zu vermarkten. Mit Landwirt Heitmann, dessen Familie seit über 400 Jahren in den Vier- und Marschlanden lebt, fand er den richtigen Partner.

Gleich hinter dem Haus beginnen die weitläufigen Weiden, stehen Ställe, vor denen Hühner, Enten und Gänse nach Essbarem suchen. Einige Schritte weiter klettern kleine Ziegen über Baumstämme und schlagen

»Ich? Beißen? – Na, ich bitte Sie, doch nicht die Leute vom NDR!«

113

ihre kleinen Hörner gegeneinander. Doch die Welsh Black sind der Höhepunkt der Tierhaltung.

Eigentlich hatte sich Eggert Heitmann schon fast aus der Landwirtschaft verabschiedet, wie er Heike erzählt. In der Industrie sei das Geld wesentlich leichter und vor allem auch sicherer zu verdienen. Aber dann habe man ihm eines Tages eine kleine, kranke Ziege gebracht. Er pflegte sie gesund und war der Meinung, dass man eine Ziege nicht alleine halten sollte, so dauerte es nicht lange, dann kamen die ersten Hühner dazu. Schließlich sei das Frühstücksei vom eigenen Hof nicht zu verachten. Und Gänse fand er als Kind schon interessant ... Jetzt sei er Nebenerwerbslandwirt – und es gefalle ihm. Die Natur, die Tiere, der Hof – es sei eben eine Einheit.

Info

Eggert Heitmann
Ost-Kraueler-Bogen 17
21037 Hamburg
Telefon (0 40) 7 23 03 79

Vor 100 Jahren züchtete ein gewisser Herr Vorwerk in den Vierlanden eine Hühnerrasse, die für damalige Verhältnisse viele Eier legte, sehr gesund und auch sehr friedlich war – das Vorwerkhuhn. Als in den 60er Jahren die alten Hühnerrassen von so genannten Hybridrassen verdrängt wurden, stand das Vorwerkhuhn bald auf der roten Liste der vom Aussterben bedrohten Haustierrassen. (Auf einer Drehreise zum Thema »Aussterbende Haustierrassen« nach Nepal entdeckten wir im Zoo von Kathmandu »Hamburger

BAUERNREGEL:
»Schient de Sünn op dat natte Blatt, giv dat noch mehr Nat.«

Vorwerkhühner«! In dem Himalaya-Staat ist die Wertschätzung wohl größer als hierzulande). Einige wenige Hobbyzüchter kümmerten sich ab den 70er Jahren um diese Rasse, legten aber mehr Wert auf das Aussehen, als auf Leistung und Gesundheit. 1999 schlossen sich mehrere Landwirte zusammen, um aus dem Vorwerkhuhn das Biohuhn der Zukunft zu züchten. Unter der Schirmherrschaft von Jürgen Güntherschulze, dem Direktor des Haustierparks Warder in Schleswig Holstein, läuft seither das Zuchtprogramm.

Einer der engagiertesten Landwirte in Sachen Vorwerkhuhn ist Fritz-Günther Röhrssen, der in der Nähe von Worpswede lebt. Der ehemalige

Also wird mitten auf der Welsh-Black-Weide interviewt, ohne dass der Kameramann das große Zittern bekommt.

Unternehmer unterhält seit gut zehn Jahren einen so genannten Arche-Hof. In seinen Ställen stehen Thüringer Waldziegen, Sattelschweine, Diepholzer Gänse und eben auch Vorwerkhühner. In der Bundesforschungsanstalt Mariensee untersucht Dr. Steffan Weigant den Bestand der Tiere. Denn Inzucht soll auf jeden Fall vermieden werden. Der Wissenschaftler hat Zweifel, dass es gelingen kann, aus einer alten Hühnerrasse ein Biohuhn zu machen, denn allein die Kosten für die Erarbeitung des Zuchtziels wie auch eine Leistungsprüfung, um die Rasse zuzulassen, würden etwa 260.000 Mark kosten. Das wäre viel zu viel Geld für die kleine Zuchtgemeinschaft.

Fritz-Günther Röhrssen und seine Mitstreiter lassen sich davon aber nicht aus der Ruhe bringen. Sie glauben fest an das Vorwerkhuhn, dessen Legeleistung in fünf Jahren bei ca. 240 Eiern im Jahr pro Huhn liegen kann (Hybridhühner bringen es heute auf über 300 Eier im Jahr). Diese Leistung soll mit ausschließlich hofeigenem Futter erzeugt werden. Zusatzstoffe und Leistungsförderer sind verboten. In zehn Jahren, so das Ziel, ist die Rasse als Biohuhn voll entwickelt. Es gibt aber auch noch Überlegungen, das Vorwerkhuhn mit einer anderen Rasse zu kreuzen, um die Legeleistung zu erhöhen, jedoch die Robustheit und Gesundheit zu erhalten.

Info

Haustierschutzpark Warder
Telefon (0 43 29) 12 80

Bevor wir wieder den Hof von Eggert Heitmann und seinen Tieren verlassen, erfahren wir noch, dass seine Familie über viele Jahre immer den

Tipp:
In der ganzen Bundesrepublik gibt es »Arche-Höfe«, die Sie besuchen können. Meistens ist ein Hof-Laden angeschlossen. Die »Arche-Höfe« bieten einen sehr guten Einblick in die Haltung und Zucht von alten Haustierrassen.
Der »Haustierpark« in Warder ist sozusagen die Krönung, um vom Aussterben bedrohte Haustierrassen zu erhalten. Der Park ist sehr schön gestaltet, bietet den Tieren reichlich Platz und verkauft auch eigene Nachzucht. Der Tierpark Warder ist über die A7 Richtung Flensburg zu erreichen. Nach dem AB Dreieck Bordesholm nehmen Sie die nächste Abfahrt. Warder. Folgen Sie dann der Ausschilderung zum Park.

Deichvoigt stellte. Er war zuständig für den Erhalt und vor allem für die Pflege der Deiche. Wie wichtig diese Arbeit und Verantwortung war, erkennen wir erst richtig, als wir vom Hof fahren. Denn er liegt, wie viele andere auch, direkt hinter dem Deich.

Abschied von Dove, Gose und Grot Elv

Wir verabschieden uns aus den Vier- und Marschlanden. Noch einmal fahren wir in aller Ruhe über den Deich, sehen, wie die Menschen in den Gewächshäusern und auf den Feldern arbeiten. Beobachten die Tiere auf den Weiden und die Schiffe auf der Elbe. Eine Landschaft, die sehr stark vom Menschen geprägt wurde und dadurch ihren ganz speziellen eigenen Charakter hat. Dann ist da noch das allgegenwärtige Wasser. Die Dove- und die Gose-Elbe, die »Grot Elv«, also der Hauptstrom und die vielen Seen und

Die Vier- und Marschlanden: Hamburgs feiner Garten.

Bracks, Teiche, die nach Überflutungen entstanden. Viele Wasserflächen werden heute von Freizeitseglern, Surfern und Anglern genutzt.

Außerdem bilden die Vier- und Marschlande die grüne Lunge Hamburgs. In den Naturschutzgebieten (Reit, Kirchwerder Wiesen) leben gefährdete Tier- und Pflanzenarten und auch Störche sind in den Vier- und Marschlanden anzutreffen. Nicht zuletzt geben die Kirchen (alle evangelisch und mit sehenswerter kunsthandwerklicher Ausstattung von berühmten Baumeistern), die vielen historischen Bauernhäuser und Katen der Landschaft ihren einzigartigen reizvollen Charakter.

Info

Was Sie sich in den Vier- und Marschlanden ansehen sollten:

Schloss Bergedorf
In der ehemaligen Wasserburg ist das Museum für Bergedorf und die Vierlande.
Museum für Bergedorf + Vierlande
Bergedorfer Schloss
Telefon (0 40) 72 52 25 09
Öffnungszeiten:
Di, Do, So 10.00–17.00 Uhr.

Die Windmühle
Erbaut 1831, restauriert 1951.
Chrysanderstr. 52

Der Wasserturm Lohbrügge, 28 m hoch, im Gelände der Sander Tannen.

Sternwarte
1802 in Hamburg gegründet. Der Bergedorfer Observator L. Kohoutek entdeckte 1973 einen Kometen, der nach ihm benannt wurde.
Gojenbergsweg 112

Das Glockenhaus
Ein Fachwerkbau, benannt nach seinem Glockentürmchen. Es ist eines der letzten in diesem Gebiet erhaltenen Landhäuser.
Billwerder
Billdeich 72

Die Riepenburger Windmühle
Errichtet 1785–91. Sehenswert: Intarsien und eine Sammlung von neunzig Sandsteingrabplatten.
Kirchenheerweg 12

Rieck-Haus
Das Freilichtmuseum zeigt das Leben in der »guten alten Zeit«.
Curslacker Deich Nr. 284
Telefon (0 40) 7 23 12 23
Öffnungszeiten:
Di–Fr 8.00–17.00 Uhr, Sa+So 10.00–19.00 Uhr.

Die Kirche »St. Johannis Curslack«
Spätbarocker, hölzerner Glockenturm.
Curslacker Deich 142

Bauernhäuser am Neuengammer Hausdeich

Das Mahnmal Neuengamme
Der Name des Dorfes ist mit der Erinnerung an ein Konzentrationslager verbunden. Von den während der Nazizeit inhaftierten 100.000 Häftlingen überlebten nur 45.000.
Neuengammer Heerweg
Öffnungszeiten:
Di–So 10.00–17.00 Uhr

Die Vier- und Marschlande im Internet:
www.vierlanden-online.de

Gewürzmuseum:
Der Duft exotischer Länder

Wir folgen der Elbe und erreichen bald den Hamburger Hafen. Containerschiffe, Luxusliner, Frachter und sogar einen Raddampfer sehen wir auf der Elbe, als wir an den Landungsbrücken ankommen. Unser Ziel ist die Speicherstadt. Heike schnappt sich ihr Fahrrad und macht eine kleine Entdeckungstour. Unser Chefkameramann will unbedingt Hafenbilder drehen, damit die Sendung Atmosphäre bekommt. Der Tonmann ist fasziniert von der vielfältigen Geräuschkulisse, und Ulrich Koglin und ich fügen uns und lassen unseren Teams wenigstens für eine halbe Stunde künstlerischen Freilauf.

Wie Goldgräber ziehen sie mit schwerem Gepäck los. Ulrich und ich gönnen uns eine Tasse Kaffee mit Blick auf den Hafen und stellen fest: Es ist unsere vierte Landpartie und jedes Mal haben wir Teams, die voller Begeisterung bei der Sache sind. Auch jetzt »klotzen« sie wieder ran, geben sich Mühe, jedes Motiv noch besser zu gestalten. Heike kommt zurück und behauptet, eine Weltreise gemacht zu haben. »Ich habe Schiffe aus aller Welt gesehen, Menschen aus Asien, Afrika und Amerika getroffen und den Duft ferner Länder gerochen. – So, und jetzt möchte ich auch eine Tasse Kaffee, aus Bolivien.«

Bald kehren auch die Teams voller Begeisterung zurück: Der Ausflug hat sich gelohnt. Sie haben tolle Hafenbilder gedreht. Jetzt besprechen wir die Fahrtroute zur Speicherstadt. Wo sollen die Kameras stehen, wie schnell soll Heike mit ihrem Rad fahren, wo soll sie hinsehen, wie verständigen sich die Teams? Eine halbe Stunde später radelt Heike los,

In Hamburgs Speicherstadt ist es zu finden: das Gewürzmuseum …

schaut mal zum Hafen, mal auf die Straße, und die Teams verständigen sich mit dem Walki-Talki. Die Szene ist im »Kasten«. Endlich kommen wir zum eigentlichen Ziel im Hafen: Dem »Gewürzmuseum«, wo wir mit Uwe Paap, dem »Gewürzepapst« verabredet sind.

Gleich vorweg: Ein Besuch lohnt sich! So viel guter Geschmack an einem Ort hat Seltenheitswert. Heike fühlt sich magisch von ihrem Lieblingsgewürz, dem Kümmel, angezogen. Das Museum ist im zweiten Stock eines alten Speichers am Sandtorkai untergebracht. Das Konzept sieht Anfassen, Riechen und selber Begutachten vor. Im Mittelteil des Museums stehen viele Säcke mit den verschiedensten Gewürzen, in die Heike gleich mit beiden Händen hineingreift und den exotischen Duft genießt. Zu jedem Gewürz hat Uwe

Diese freundliche Herr ist Uwe Paap, der »Gewürz-Papst«!

Paap eine kleine Geschichte zu erzählen. So sollen früher in Notzeiten pfiffige Bürger Pfeffersäcke als Kapitalanlage versteckt haben. »Pfeffer hält sich nämlich ohne Qualitätsverlust 20 Jahre und war gerade in Zeiten des Mangels ein begehrtes Tauschobjekt.«

Natürlich möchte Heike auch wissen, was es mit den »Hamburger Pfeffersäcken« auf sich hat. Auch die Geschichte kennt der Museumsdirektor natürlich. »Vor 500 Jahren er-

… wo sich NDR-Moderatoren vor den Säcken verneigen.

kauften sich die Augsburger Fugger mit Pfeffer viele Privilegien von Fürsten und Königen. Ihre Macht, die Macht der Hanse, ruhte sozusagen auf vielen Säcken Pfeffer.« Warum der »Pfeffersack« im Laufe der Geschichte zum Synonym für Geiz wurde, lag wohl weniger an dem Gewürz, als an der Sparsamkeit seiner Händler. Aber auch der Geiz – oder die Sparsamkeit der Gewürzhändler hat natürlich seine Geschichte: Es dauerte oft eineinhalb Jahre, bis ein Schiff mit der kostbaren Ware wieder in den Hamburger Hafen zurückkehrten. In dieser Zeit mussten die Gewürzhändler die gesamte Fahrt vorfinanzieren und lebten laufend mit der Angst, ihr Schiff könnte verloren gehen. Es wird erzählt, dass sich die Händler regelmäßig im Hafen trafen, den Blick Elbabwärts gerichtet mit der Hoffnung, bald eines ihrer Schiffe wieder zu sehen. Risikobereitschaft einerseits und die Furcht vor großen Verlusten andererseits bestimmten das Leben der Gewürzhändler. Das Bedürfnis ihr Geld zusammenzuhalten, um für Notzeiten gerüstet zu sein, scheint deshalb wohl verständlich. Uwe Paap: »Diese Mentalität hat sich bis heute erhalten.«

Pfeffer ist nach wie vor das wichtigste Gewürz der Deutschen. Deutschland ist nach den USA der zweitgrößte Verbraucher weltweit. Doch das Lieblingsgewürz von Herrn Paap ist Majoran. »Ich liebe die verfeinerte deutsche Küche, und zu vielen Gerichten passt Majoran hervorragend.« Heike genießt sichtlich den Spaziergang durch das Gewürzmuseum mit Uwe Paap. Überall gibt es etwas zu entdecken. In einer Ecke ist sogar ein kleiner Kolonialwarenladen aufgebaut, denn Gewürze kamen ja früher aus den Kolonien.

UND EINE BAUERNREGEL
AUS DEM NORDEN:
»Wenn naß und kalt der Juni war,
verdarb er meist das ganze Jahr.«

Zwei große Handelswege führten zu den Gewürzen: Zum einen kamen sie aus den amerikanischen Ländern, die Kolumbus entdeckte, zum anderen über die asiatischen Routen von Vasco da Gama.

Ein kräftiger Hauch der fernen Länder liegt auch im Gewürzmuseum. Heike hat vor wenigen Tagen Biogewürze in einem Geschäft gesehen, und Uwe Paap erzählt ihr, dass der Anteil der Biogewürze ständig steigt. Teilweise liegt er schon bei 10 Prozent. »Er könnte noch wesentlich größer sein, wenn es in den Erzeugerländern mehr Produzenten gäbe, die den Anbau entsprechend umstellen würden.« Doch bislang überwiegt die Angst vor massiven Ernteausfällen, wenn nicht mehr gespritzt werden darf.

»Es ist irgendwie verhext«, meint Uwe Paap, »erst hieß es: Spritzt, damit ihr mehr erntet und das Einkommen steigt. Nachdem der höhere Verdienst dann aber ausblieb, heißt es jetzt: Hört auf mit dem Spritzen, damit die Natur nicht zerstört wird und ihr mehr Geld verdient.« Der Museumsdirektor ist sich allerdings sicher, dass mehr Bauern umstellen werden, wenn sie sehen, dass man mit Biogewürzen tatsächlich ein höheres Einkommen erzielen kann.

Jeder Winkel im Museum riecht anders. Muskatnuss, Zimt, Ingwer, Vanille und Safran, das teuerste aller Gewürze. 120.000 Blüten einer bestimmten Krokusart sind nötig, um ein einziges Kilo Safran zu erzeugen. Er wird in Handarbeit von den Sa-

menfäden abgesammelt und nur der rote, nicht der gelbe Samen ergeben das kostbare Gewürz. Ein wenig Ehrfurcht kommt auf, als Heike ein kleines Röhrchen Safran in ihrer Hand hält. Wie lagert man eigentlich Gewürze richtig? Das möchte sie noch zum Abschied wissen: »Gewürze,« verrät Uwe Paap, »sollten Sie eigentlich im Kühlschrank lagern. Sie halten sich am besten in einer kühlen und dunklen Umgebung. Gift für jedes Gewürz ist der Platz über oder neben dem Herd. Falls Ihr Kühlschrank zu klein ist, schauen Sie sich nach einem geeigneten Platz in Ihrer Wohnung um. Ein guter Geschmack wird es Ihnen danken.«

Info

Hot Spice – Gewürzmuseum
Uwe Paap
Am Sandtorkai 32
Telefon (0 40) 36 79 89 40
www. hotspice.de

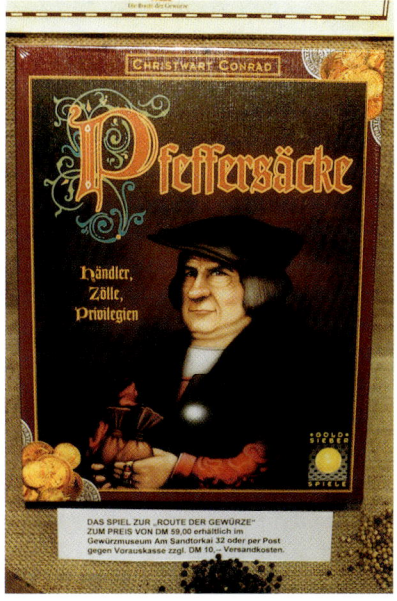

Und die echten »Pfeffersäcke« hängen heutzutage an der Wand!

Diese Schweine fühlen sich sauwohl – sie leben ja auch auf Gut Wulksfelde und da geht es ökologisch zu.

Gut Wulksfelde:
Alles Bio oder was?

Der Abschied von Herrn Paap, seinen Geschichten und dem Museum fällt Heike schwer, obwohl sie sich schon auf die nächste Adresse freut. Es geht in den Hamburger Norden. Auf dem Gut Wulksfelde wird seit über zehn Jahren nach strengen Biorichtlinien gewirtschaftet. Ein guter Grund, sich das Gut einmal näher anzusehen. Als wir ankommen, ist der Tisch mit dampfenden, goldgelben Kartoffeln, mit Broccoligemüse und Schweinebraten gedeckt. »Bio kann man schmecken,« behauptet Andreas Brandt, der uns empfängt. Na gut, dann wollen wir einmal »Bio« probieren.

»Das Fleisch,« stellt Heike fest, »ist eindeutig etwas fetter – und dunkler.« Aber nach dem ersten Bissen ergänzt sie mit gleichem kritischen Ausdruck: »Es ist geschmackvoller und saftiger. Die Kartoffeln sind ausgesprochen lecker und der Broccoli schön und knackig.« Mit einer Tasse »Transfair«-Kaffee beenden wir das Mahl und gehen zu den Schweinen. Die Tiere haben viel Auslauf und einige Tannen sorgen für reichlich schattige Plätze.

So viel artgerechte Haltung macht den Kameraleuten Probleme. Die Schweine haben den Auslaufboden tief umgegraben und der Regen der letzten Nacht hat alles eingeschlammt. Da freut sich Heike, dass sie die Tiere von außen füttern kann. Die Kameramänner müssen allerdings der besseren Bilder wegen zu den Schweinen in den Auslauf. Eine Wanderung durchs Moor kann nicht schlimmer sein. Nur die Kameras festhalten und das teure Gerät nicht fallen lassen. Die Teams haben ihre Standorte gefunden, die Schweine probieren, wie Kameramannstiefel und -hosen schmecken, und wir können mit den Dreharbeiten beginnen. Es sind Angler Sattelschweine, die das Gut Wulksfelde hält. Die robuste Schweinerasse aus der schleswig-holsteinischen Region und Angeln eignet sich gut für die Bio-Haltung.

»Alle Tiere«, versichert Andreas Brandt, »bekommen nur hofeigenes Futter. Eine solche Haltung kostet natürlich viel mehr Zeit.« Im Schnitt werden die Bioschweine auch noch zwei Monate älter als ihre Artgenossen in konventioneller Haltung. Denn im Biobereich sind Wachstumsförderer verboten und durch die viele Bewegung wachsen die Schweine auch nicht so schnell. »Dafür ist aber der Geschmack besser – oder?« fragt lachend Andreas Brandt.

Wir ziehen weiter zu den Hühnern auf Gut Wulksfelde. Auch sie haben viel Auslauf, zehn Quadratmeter für jedes Huhn, um genau zu sein. In den Biorichtlinien ist das genau vorgeschrieben. Freilandhühner müssen diese zehn Quadratmeter Auslauffläche haben, sonst sind es keine Biohühner. Heike möchte gerne die Nester der Hühner sehen und frische Eier sammeln. Die Kinder, die auf dem Gut leben, kommen mit. Alles Handarbeit. Die Nester sind in

BAUERNREGEL:

»Der April ist nicht gut,
schneit es auf des Bauern Hut.«

hölzernen, halbrunden Tonnen untergebracht. Viel Einstreu sorgt dafür, dass die zerbrechliche Ware nicht zu Bruch geht. Der Absatz der Eier läuft problemlos. Das Gut Wulksfelde könnte auch die doppelte Anzahl an Hühner halten. Aber, und das ist ein weiterer Unterschied, es geht nicht um Massenproduktion und möglichst viel Profit, sondern auch um »menschengerechte« Arbeitsplätze. Fast 20 Mitarbeiter wirtschaften mittlerweile auf dem Gut. Fließbandarbeit gibt es nur, wenn Kartoffeln und andere Gemüse sortiert werden. Dann muss jeder mal mit anfassen. Sonst hat fast jeder sein Spezial- und Lieblingsgebiet. Im Hofladen gibt es nicht nur Produkte des Gutes, sondern ein komplettes Bio-Vollsortiment. Seit drei Jahren bietet

Zu Ostern ergreifen die Kinder das Kommando und bemalen Öko-Eier mit Öko-Farben. Für alle, die beim Frühstücksei noch ein ruhiges Gewissen haben wollen.

Wulksfelde auch einen Lieferservice für Hamburg an, die Abbo-Box.

Neu auf dem Gut ist die eigene Bäckerei, die Biokuchen und Biobrot täglich frisch backt. Andreas Brandt kümmert sich um das Marketing und um neue Strategien im Biobereich. So hat Wulksfelde exklusiv das Olivenöl aus Umbrien im Programm von Mr. McTaggert, dem Gründer von Greenpeace. Jedes Jahr im Herbst fährt eine Gruppe vom Gut Wulksfelde nach Italien, um bei der Olivenernte zu helfen.

Da der Biobereich ständig wächst, ist es auch wichtig, neue Kundenkreise zu erschließen. Mit »Nabuko«, einem Biokostverarbeiter aus Uelzen, beliefert das Gut jetzt auch einige Großküchen und Kantinen, wie die Lufthansa in Hamburg, den Ottoversand und die Wackelpeterküche, die Fertiggerichte für Kindergärten anbietet. »Als die Pächtergemeinschaft vor über 10 Jahren das heruntergewirtschaftete Gut übernahm«, erzählt uns Andreas Brandt, »glaubte kaum jemand, dass die »Bioleute« es schaffen würden. Mittlerweile ist das gesamte Gut saniert, die Ställe für tiergerechte Haltung ausgelegt und die Ackerböden wieder gesund.« Und die Verbraucher werden es zu schätzen wissen, dass auf Gut Wulksfelde nach strengen Richtlinien gewirtschaftet wird. Nach BSE- und Schweinmastskandalen genießen die Biobauern jetzt die Aufmerksamkeit, die ihnen lange versagt geblieben ist.

Info

Gut Wulksfelde
Wulksfelder Damm 15–17
22889 Tangstedt
Telefon (0 40) 6 07 48 41
www.Gut-Wulksfelde.de

Andalusier: Feuriger Pferdeadel

Ob Pferde gerne Biomöhren fressen? Heike will es ausprobieren. Unsere letzte Adresse ist der Haidehof im Klövensteen, Hamburgs Reiterparadies. »Aber dahin,« sagt Heike, »will ich nicht mit dem Fahrrad fahren.« Eine Kutsche wäre viel angebrachter. Recht hat sie! Und eine halbe Stunde später sitzt Heike gemütlich in einem Landauer und fährt die weite Hofeinfahrt mit den weißen Zäunen am Rand hinauf. Der Haidehof vermittelt sofort den Eindruck von Großzügigkeit, sowohl bei der pferdegerechten Haltung als auch durch die vielen satten, grünen Weiden. Ein lautes Wiehern zur Begrüßung. Am Zaun steht hoch aufgerichtet ein Schimmelhengst. Mit seinen großen, dunklen Augen verfolgt er jede Bewegung auf dem Weg. Neugierig und doch von aristokratischer Zurückhaltung geprägt, beschnuppert er die Köstlichkeit in Heikes Hand. Biokarotten schmecken ihm gut. Die gewellte Mähne hängt fast einen Meter von dem gewölbten Hals herab. Trotz der Liebe zur deutschen Biomöhre ist es eindeutig: Der Hengst ist nicht aus heimischen Landen. Um seine Schönheit zu unterstreichen, wirft er den Kopf herum, verharrt kurz und schwebt dann im fliegendem Galopp davon.

Das Ehepaar Fischer kommt auf Heike zu, begrüßt alle und lädt uns zu einem Rundgang über den Haidehof ein. Wenige Schritte später taucht der nächste Hengst auf einer anderen Weide auf. Im Sonnenlicht glitzert sein helles Fell fast silbern. Auch er will sich von seiner besten Seite zeigen. »Beide Prachtexemplare sind Andalusier-Hengste,« erklärt Karin Fischer und erzählt, wie sie vor über zehn Jahren eher zufällig an diese für Norddeutschland doch recht exotische Rasse gekommen ist.

Sie war in Spanien im Reiterurlaub und bekam einen jungen, sehr temperamentvollen Hengst zugewiesen. Angst kam bei ihr auf. Sie war zwar eine gute Reiterin, aber wie würde sich der Hengst mit den anderen Pferden verhalten? Sie hörte zu ihrem Entsetzen, dass auch andere Hengste bei den Ausritten dabei waren. Würde sie es schaffen, das Energiebündel zu halten? Als Karin Fischer auf dem Pferd saß, sah die Welt plötzlich ganz anders aus. Obwohl der Hengst noch recht jung war, ließ er sich völlig problemlos handeln. Und als er sich in Bewegung setzte, begann ein Traum. Selbst im schwierigsten Gelände war das Pferd stets ein zuverlässiger Partner. Aber der Höhepunkt geschah am letzten Abend. Es war bereits dunkel, als sie mit ihrem Pferd über eine Brücke musste. Als sie zur Hälfte auf der Brücke war, kam ihr ein Lastwagen mit aufgeblendeten Scheinwerfern entgegen. Was tun? Sie entschloss sich, auf dem Pferd sitzen zu bleiben. Der Hengst ging ohne Zögern seinen Weg und Karin Fischer hatte endgültig ihre Liebe zu den Andalusiern entdeckt.

Die Andalusier gehören mit zu den ältesten Pferderassen. Seit 1571 werden sie systematisch gezüchtet. Wahrscheinlich entstanden sie aus Kreuzungen zwischen Berberpferden, eventuell Arabern und Iberischen Pferden. Der Andalusier wurde zur Veredelung in viele andere Rassen eingekreuzt. Die Blüte der Andalusier-Zucht war das 17. Jahrhundert. Als Reinzucht wurde das Andalusische Pferd von Mönchen im Kartäuserkloster bei Jerez zur edelsten aller Blutlinien gezüch-

Foto: © Haidehof

Edel und von gutem Charakter – die Andalusier.

tet, denn sie waren die einzigen, die sich weigerten, die Andalusier auf Geheiß des Königs mit anderen Rassen zu kreuzen. Seit einigen Jahren findet die Rasse auch in Deutschland immer mehr Liebhaber.

Gespannt hat Heike Frau Dr. Karin Fischer zugehört und dabei einige Hengste, die auf anderen Weiden standen, bewundert. Beim Ehepaar Fischer gibt es einige Hengste mit sehr hohen, edlem Cartujano-, also Karthäuser-Blut. Entsprechend sind auch die Preise für die edlen Pferde. Ab 15.000 Euro geht es allmählich los. Ist deshalb das Gestüt ein gutes Geschäft? »Nö«, Prof. Dr. Lutz Fischer ist Wirtschaftsprofessor in Hamburg und meint, dass er mit dem Haidehof eine schöne Gelegen-

Foto: © Haidehof

Kameramänner sind gar nicht
pferdescheu – hier ist der Beweis!

Der Haidehof als Schauplatz internationaler Pferdehaltung und -zucht. Im ehemaligen Kuhstall, der heute zu einem gemütlichen Festsaal ausgebaut ist, gibt es ein spanisches Buffet, das uns noch mehr auf die Heimat der edlen Pferde einstimmt.

Trotz all der köstlichen Verlockungen zieht es Heike hinaus. Sie möchte endlich die Andalusier unterm Sattel sehen. Das Wetter ist gut und so beschließen wir, das Pferdeballett nicht in der Halle, sondern auf dem Außenreitplatz zu drehen. Die Kameraleute, wieder hungrig auf schöne Bilder, beziehen Position. Die anderen Pferdebesitzer stellen sich mit ihrem Rössern um den Reitplatz auf. Plötzlich erkennt Heike eine weiße Araberstute, die sie vor einigen Wochen kennen gelernt hat. Die Pferdedame gehört Jürgen Malo. Jürgen ist ein anerkannter Pferdemann, um nicht das viel strapazierte Wort vom »Pferdeflüsterer« zu gebrauchen. Heike und Jürgen haben sich kennen gelernt, weil unsere Moderatorin ein Problem hatte: Ihre Angst vor Pferden. Es dauerte keine vier Stunden, dann konnte Heike sich durch Jürgens Hilfe neben ein Pferd stellen, es streicheln und füttern.

heit gefunden hat, wie man Geld loswerden kann. Als sie vor einigen Jahren den Reiterhof übernahmen, blieb ihnen gerade eine Nacht Bedenkzeit. Doch die Liebe zu den Pferden lässt auch gelegentliche Verluste vergessen.

Die beiden haben eine Überraschung – oder besser – mehrere Überraschungen für uns vorbereitet. Wenn »exotische« Pferderassen, dann bitte nicht nur Andalusier. Sie haben auch einige andere Pferdefreunde auf den Hof geladen, die Islandponies, schwarze Friesenpferde, Mustangs und Quarterhorses halten.

Dr. Karin Fischer und
Prof. Dr. Lutz Fischer
haben sich ihren
Traum von feurigen
spanischen Pferden
erfüllt.

Spanien – Hamburg – Spanien: Wenn die Sonne lacht, ist dieser Unterschied auf dem Haidehof nur noch schwer auszumachen.

Jürgen Malo: Der Cowboybauer

Nach der Wende erfüllte sich Jürgen Malo drei Wünsche: Er kaufte sich ein Pferd – eine weiße Araberstute; er ging für einige Monate in die USA und ritt dort Pferde ein, und er erwarb einen kleinen Resthof in den Weiten Mecklenburg-Vorpommerns. Jürgen hält den Zusammenbruch der DDR nach wie vor für den Glücksfall seines Lebens. Gemeinsam mit seinem Bruder Jan und Freund André baute er eine Pferdezucht auf. Pintos, Quarterhorses, Paints, Mustangs, Araber und auch einige Andalusier stehen auf ihren Weiden. Die gut ausgebildeten Pferde sind vor allem bei Freizeitreitern sehr beliebt. Sie brauchen zuverlässige Tiere, die auch im Verkehr sicher gehen und nicht zur Lebensgefahr werden.

Bald kamen auch die Rinder mit auf den Hof, um die sich hauptsächlich Jan kümmerte. Er ist dem Verband »Biopark« beigetreten. Die drei »Cowboybauern« verkauften den Hof in Mecklenburg – Vorpommern vor vier Jahren und zogen mit Ross

und Rind nach Babe bei Kyritz um. Jürgen und André verfeinerten ihre Reitkunst und bildeten sich im »horseman-ship« weiter, dem richtigen Umgang mit den Tieren. Es dauerte nicht lange und die beiden wurden bei Reitersleuten, die Probleme mit ihren Pferden hatten und haben, immer gefragter. Ein Pferd will nicht auf den Hänger gehen? Kein Problem! In maximal einer Stunde geht das Tier gerne auf den Hänger. Das Pferd scheut laufend, geht durch oder beißt? Es gibt kaum ein Tier, dass die beiden Pferdeleute nicht kurieren konnten. In der Regel muss

Jürgen Malo ist Pferdekenner und sorgt dafür, dass andere Menschen zu Pferdeliebhabern werden.

der Reiter allerdings genauso viel lernen wie sein Pferd. Wer dabei störrischer ist, darüber schweigen sich die beiden Pferdeflüsterer aus.

Wenn sie nicht unterwegs sind, um Kurse zu geben, dann kümmern sie sich seit einem Jahr auch noch um einen Haustierpark in Babe, den sie kurz vor dem Konkurs übernommen haben. Ihr landwirtschaftlicher Betrieb ist mittlerweile fast 100 Hektar groß. Jede Mark, die übrig bleibt, wird sofort wieder investiert. Manchmal werden sie auch von der Nachbarschaft gerufen, wenn Rinder durch die Zäune gegangen sind. Mit Pferden ist es wesentlich einfacher, Rinder wieder einzufangen – vorausgesetzt, man weiß, wie es richtig geht! Bei all ihren Aktivitäten ist die Pferdehaltung und -ausbildung aber das Wichtigste.

lnfo

Jürgen Malo
Haustierpark Babe
Telefon (03 39 73) 5 00 30

Eine Quadrille kommt auf den Reitplatz: Edelste Andalusier der Familie Fischer zeigen ihr Können. Piaffe, Spanischer Schritt, Pirouette und fliegende Galoppwechsel. Ein wirklicher Höhepunkt zum Abschluss unserer Landpartie aus Hamburg. Wo wir auch hinschauen, überall sehen wir leuchtende Augen.

Barockpferdezentrum Haidehof
Fam. Fischer
22880 Wedel
Telefon (0 41 03) 9 90 02

Die tanzenden Pferde des Haidehofs können auch eine schlichte norddeutsche Reitbahn in eine südländische Arena verwandeln.

Nachwort

Eine jeweils 105-minütige Sendereihe über ländliche Regionen Norddeutschlands? Die meisten Kollegen guckten uns mehr oder weniger verständnislos an, als wir die ersten Ideen für unser Konzept der Sendung »Landpartie – Im Norden unterwegs« formulierten. »Ländliche Regionen? Da gibt es doch nur grasende Kühe, toten Fisch und wortkarge Landmenschen – wie wollt ihr da auch nur eine Sendung zustande kriegen?« warnten die Kollegen, aber wir ließen uns nicht beirren. Und siehe da:

Wir rannten mit dem Konzept der »Landpartie – Im Norden unterwegs« bei der NDR-Programmdirektion offene Türen ein. Eine Sendung, die das Leben auf dem Lande ohne »-tümelei« informativ und unterhaltsam zugleich vermittelt, würde gut ins Programm passen. Mit einer Pilotsendung sollten wir beweisen, dass das Konzept der »Landpartie – Im Norden unterwegs« auch praktisch umsetzbar ist. Dank der in jeder Beziehung engagierten Teamkollegen, die sich gleich mit der Sendung identifizierten, konnten wir die erste Pilotsendung realisieren. Von Beginn an hat die »Landpartie« offensichtlich ihr Publikum gefunden: Sie gehört jetzt nach bislang sieben Folgen zu den erfolgreichsten N 3 Sendungen auf dem Sendeplatz am Sonntag um 20.15 Uhr.

Schon bei den Recherchen für die erste Sendung allerdings hatten wir ein Problem, mit dem zunächst keiner gerechnet hatte: Mit Hilfe der Landwirtschaftskammern, der Bauernverbände, verschiedener Tourismus- und Bioorganisationen und natürlich dank der Erfahrungen unserer jahrelangen aktuellen Berichterstattung für den NDR hatten wir sehr schnell weit mehr »gute« Bauern, Gärtner, Züchter und Fischer auf der Liste, als dann tatsächlich in der Sendung unterzubringen waren. Egal, ob im Harz, Nordfriesland oder auch Vorpommern – bei allen Folgen der »Landpartie – Im Norden unterwegs« hatten wir bislang also die berühmte »Qual der Wahl«.

Klar, dass jeweils nur ein Schweinemäster, nur ein Wildvermarkter, nur ein Ziegenzüchter in einer Folge Platz hat – vielen, vielen Menschen haben wir also absagen müssen. Aber auch für uns als geborene Nordlichter war es überraschend, dass es in den oft als »platt« geschmähten Regionen Norddeutschlands so unglaublich viele interessante und schmackhafte Spezialitäten zu entdecken gibt, die oft von eigenwilligen, aber meist überaus sympathischen Menschen mit großem Engagement gepflegt werden. Wer sich tatsächlich auf die norddeutschen Regionen einlässt und sich etwas Zeit nimmt, wird überrascht sein von der Vielfalt, die der Norden zu bieten hat.

Trotz der langen Sendezeit ist auch die »Landpartie – Im Norden unterwegs« immer unvollständig und soll eine Einladung an die Zuschauer und Leser sein, selbst auf Entdeckungsreise in den norddeutschen Regionen zu gehen – bitte auch auf Pfaden, die wir nicht mit unseren Teams gegangen sind!

Die Autoren der Landpartie

Achim Tacke

Achim Tacke wurde 1953 in Neuenkirchen, Kreis Goslar/Harz, als Sohn eines Landwirts geboren. 1959 Umzug nach Wuppertal und Düren, wo er die Schuljahre verbrachte. Den Realschulabschluss absolvierte er in Heidelberg und bestand die Begabtensonderprüfung an der Kunsthochschule Kassel, wo er dann Malerei und Film/Fernsehen bei Manfred Vosz studierte. Seit 1979 freier Filmemacher in München. 1979 erste Dokumentation für den WDR: »Alltag im Revier« – ein Film über Bergarbeiterkultur. Es folgten weitere Features für den WDR. 1981 drehte er das »Kleine Fernsehspiel für das ZDF: »Jungfrauen zum ersten …« Dokumentarfilm über Maibräuche in der Eifel. 1982 Beginn einer dreiteiligen Serie für den NDR: »Zur Psychologie der..«

1980 Umzug nach Imperia, Italien. 1984 Feature für den NDR: Weiches Öl aus Dolcedo«. Die Dokumentation war der filmische Einstieg in die Landwirtschaft. Es folgten ein Feature über »Neuenkirchen im Schatten des Brocken« und die ersten Magazinbeiträge für die Sendung »Land-

wirtschaft heute« im NDR. 1986 Umzug nach Hamburg und Features für »Länder, Menschen, Abenteuer«, »In Sachen Natur«, Beiträge für die Wirtschaftsredaktion und natürlich über Landwirtschaft. 1998 Entwicklung der Landpartie, zusammen mit Ulrich Koglin. Andere Projekte schlossen sich an: Filme wie »Eine Arche für das liebe Vieh«, »Biopark« und ein Themenabend über den »globalisierten Bauern«. Doch der Erfolg des »Kindes« »Landpartie« freut beide ganz besonders!

Ulrich Koglin

Ulrich Koglin, Jahrgang 1963, ist im schleswig-holsteinischen Ratzeburg geboren und dort aufgewachsen. Während seines Volkswirtschaftsstudiums arbeitete er zunächst bei der Produktionsfirma TV-Film-Nord GmbH und realisierte für den NDR erste Fernsehbeiträge. Seit 1987 ist er als freiberuflicher Fernsehjournalist für verschiedene Produktionsfirmen tätig, sein Hauptengagement allerdings gilt der NDR-Wirtschaftsredaktion in Hamburg. Für die Sendungen »Markt im Dritten« und »Plusminus« steuert er seit Jahren regelmäßig Beiträge – auch über landwirtschaftliche Themen – bei und begleitet die wirtschaftliche Entwicklung Mecklenburg-Vorpommerns für die Redaktion kontinuierlich journalistisch.

Die langjährige Freundschaft mit seinem Kollegen Achim Tacke führte 1998 zu einer festen Zusammenarbeit. Gemeinsam realisieren sie für den NDR längere Filme wie beispielsweise »Biopark – Landwirtschaft mit Zukunft?« (Dokumentation über die Entwicklung des ostdeutschen Bioverbandes) oder »Eine Arche für das liebe Vieh« (Reportage über selten gewordene Nutztierrassen der Welt). In Zusammenarbeit mit dem NDR und dem deutsch-französischen Kulturkanal ARTE drehen sie u.a. einen ganzen Themenabend über die Folgen der Globalisierung für die Landwirtschaft Europas.

Wichtigstes Projekt ist für beide zur Zeit die »Landpartie – Im Norden unterwegs«, die sie nach langer Vorbereitung gemeinsam konzipierten und als Autoren und Regisseure für den NDR realisieren.

Ulrich Koglin ist verheiratet und lebt mit Frau und Kind auf einem Gutsbetrieb im Südosten Schleswig-Holsteins, unmittelbar an der Landesgrenze zu Mecklenburg-Vorpommern.

Stichwortverzeichnis